Auguste Renoir (1841–1919) tritt uns heute als ein Künstler entgegen, der nicht weniger als die sozial engagierten Maler seiner Zeit zum Chronisten einer Epoche wird, deren gesellige Realität er abbildete. Daß er dennoch nicht der »Maler der Sonnenseite« bleibt, als der er immer wieder apostrophiert wurde, liegt auch in seinem Stilverhalten begründet. Mehr noch sind es aber seine Bildthemen und Gegenstände – viele davon sind erst durch seine Hand bild-würdig geworden – die in seinem Werk eine Welt aufgehoben haben, die sonst dem Vergessen anheim gefallen wäre, da sie von der offiziellen Malerei ausge-grenzt blieb.

Meier-Graefes »Renoir« heute wieder verfügbar zu machen, scheint schon aus dem Grunde legitim, daß eine Monographie jüngeren Datums, die ver-gleichbar erschöpfend über den Maler handelt, nicht vorliegt. Daß aber jene »Neuwürdigung« Renoirs, am ausgehenden zwanzigsten Jahrhundert, bereits ein halbes Jahrhundert zuvor formuliert wurde, muß als die eigentliche Lei-stung Meier-Graefes gelten.

Meier-Graefe war wohl eine der wichtigsten und einflußreichsten Persön-lichkeiten im deutschen Kunstleben von der Jahrhundertwende bis zum Ende der Weimarer Republik. Noch heute fasziniert der feuilletonistische Stil seiner Kunstkritiken und Monographien, die, vom persönlichen Eindruck geprägt, dem Leser dank seiner brillanten Formulierungskunst das vergleichende Sehen und umfassende Verstehen von Gemälden nahebringen.

insel taschenbuch 1653
Meier-Graefe
Renoir

Julius Meier-Graefe

RENOIR

Mit farbigen Abbildungen
und einem Nachwort
von Andreas Beyer

Insel Verlag

Ludwig Wolde gewidmet

insel taschenbuch 1653
Erste Auflage 1994

Bildnachweise am Schluß des Bandes
Vertrieb durch den Suhrkamp Taschenbuch Verlag
Umschlag nach Entwürfen von Willy Fleckhaus
Satz: LibroSatz, Kriftel
Druck: Nomos Verlagsgesellschaft, Baden-Baden
Printed in Germany

1 2 3 4 5 6 – 99 98 97 96 95 94

RENOIR

EIN VORSPIEL

Dem Menschen, der sich nicht ausschließlich auf Kennerschaft beschränkt, wird die Bedeutung der Kunst da am leichtesten zugänglich, wo der heroische Aufwand des Künstlers für sein Selbstbekenntnis hervortritt. Deshalb sieht man mit Recht in Rembrandt den größten Holländer, denn er machte sich von den Ansprüchen des Bestellers frei und erhöhte die seinen. Deshalb schätzt man mit Unrecht Daumier höher als Delacroix, der außerhalb Frankreichs immer noch als abgesonderter Schwärmer gilt, weil man in Daumier den unerschrockenen Gegner veralteter Vorstellungen und den Vorkämpfer für die Rechte einer neuen Zeit erkennt. Deshalb steht uns van Gogh nahe. Wir sehen in seinem Schicksal das Los der von allen Seiten bedrohten Seele und verehren sein Ringen um die vergehende Realität als vorbildliches Beispiel. Und deshalb fehlt es nicht an Leuten, die in der Schätzung Renoirs eine Verirrung erblicken, weil sie in seiner Kunst das heroische Bekenntnis vermissen. Sie nehmen ihn für einen Zuträger sensueller Werte. Namentlich sozial eingestellten Freunden der Kunst, und das sind nicht die schlechtesten, geht es so. Sie leugnen nicht seinen Reichtum, aber halten ihn für angeboren und meinen, dieser komme nur einer ebenso zufällig bevorzugten Klasse von Genießern zugute; sehen in ihm den Erben einer Zeit, der wir entwachsen sind und zu der wir um keinen Preis, selbst nicht für den einer gottbegnadeten Kunst, zurückkehren möchten, weil wir sie für sozial minderwertig halten. Entgegnet man ihnen, mit diesem Argument sei die ganze französische Kunst zu streichen, wird einem Manet entgegengehalten, der viel energischer für die Gegenwart eingetreten sei, oder Cézanne,

Begründer einer europäischen modernen Schule. Und wenn man mit aller Pietät in dem unbedingten Bekenntnis Manets zur Gegenwart eine Klippe zu erkennen glaubt, die beim Vergleich des Spätwerks mit den ungleich bedeutenderen früheren Bildern hervortritt, und man ebenso behutsam die unsicheren Gewinste der lebenden Generation aus der Berührung mit Cézanne anzudeuten sucht, erfährt man, die Unsicherheit bestätige nur das engere Verhältnis dieser Kunst zu uns und müsse uns wert sein. Man kann auf diesem Wege leicht dahin gelangen, van Gogh und Gauguin für wertvoller als alle Vorgänger zu halten, und wenn es auf das Problematische ankommt, wurden die beiden wiederum längst von ihren Nachfolgern überholt. Das Verlockende der Prämisse beruht auf der Tatsache, daß wir nur Menschen, die uns in unserer Lage beistehen, zu Vorbildern wählen können, aber sie muß zu kurz greifen, sobald sie die Abhängigkeit der Wahl und der Verwendung von dem Erkenntnisvermögen außer acht läßt. Wäre Renoir wirklich nur Erbe, bliebe es immer noch gewagt, ihn deshalb abzulehnen, weil sich wesentliche, mit anderen vererbten Gütern verbundene Vorurteile nicht logisch auf den Traditionsbesitz eines Künstlers übertragen lassen. Die Voraussetzung übersieht die aktive Nutznießung des Erbes und vergißt die gegebene Unfähigkeit des Künstlers, ohne ererbten Besitz in Erscheinung zu treten. Er kann ohne das sowenig schaffen, wie ein Mensch ohne Sprache zu reden vermag. Es gibt auf den Höhen der Kunst keine armen Leute. Der aufsteigende Proletarier ist kein neuer Reicher, er besaß immer das wuchernde Kapital; und diese ganze Argumentation sagt nichts vom Geber, sondern nur von den Empfängern, den Enterbten. Wir haben keine Künstler verdient, weder Manet noch Renoir. Wenn überhaupt unter dieser Reserve Unterscheidungen gemacht werden dürfen, kann man nur feststellen, daß Renoir am wenigsten aus unseren sozialen Bedingungen zu folgern ist. Das spricht weder für noch gegen ihn. Es besagt nicht etwa, er stamme aus einem Schloß im Äther und habe dort, umgeben von Nixen, sein von keiner Erinnerung an irdische Verhältnisse getrübtes Dasein verbracht. Selbst wenn wir ihn am wenigsten von allen verdient haben sollten, kann er am engsten zu uns gehören.

Es soll hier die Rolle des Glückskinds untersucht werden; was er erbte und was er dem Patrimonium hinzufügte, und ob die Zutat, wenn nicht das Erbe, uns zu nützen vermag. Die Möglichkeit der Förderung läßt sich nur nachweisen, wenn sein Zusammenhang mit uns von jedem Zweifel gereinigt werden kann.

*

Das scheint im ersten Augenblick nichts weniger als offensichtlich. Jedes Epitheton klagt ihn an: der französische Rubens, der Fragonard unserer Zeit. An dem Fragonard hat er am schwersten zu tragen. Gerade dieser Beiname weist den wachsamen Kunstfreund, dem Paris nicht die Welt bedeutet, in die verdächtige Gegend, wo Kunst zum Getändel wird und saturierte Erben die Verantwortung weigern. Alle Epitheta haben recht und alle schwindeln. Es gab Leute, die sie ihm zutrugen; die einen, weil sie ihn ehren wollten und glaubten, es mache ihm Freude; die anderen, weil ihnen der Titel viel zu gering und fast beleidigend schien.

Fragonard? – Er hatte sein trockenes Lachen. Man ahne wohl nicht, was Frago war. Man sei wohl nie in Grasse gewesen?

Freilich, meinte man verlegen, Grasse. Fragonard habe immerhin einige Bedeutung, namentlich neben Boucher.

Boucher? – Da konnte er loslegen. Mit Boucher verstand er keinen Spaß. Kein Mensch hatte ein Frauenhinterteil wie Boucher gemalt. In München gab es eins. Das lohnte die Reise, parbleu?

Es ließ sich nicht leugnen, er sagte es selbst. Und wenn man ihn darauf hinweisen zu dürfen glaubte, daß seine Mädchen, diese von Leben strotzenden Geschöpfe, diese Zeugnisse unbescholtener Einfalt usw. doch alles andere als für den Dienst des Alkovens hergerichtet seien –

Leider! konnte er brummen und ging an die Staffelei.

Zitate Renoirs sind noch vieldeutiger als die Epitheta. Das, was man hören wollte, sagte er nie, weil die unteren Dinge nie oben liegen. Zu der Legende von dem Glückskind hat er selbst das meiste beigetragen, weil er, wenn man ihn fragte, so tat, als male er, wie es komme, und lasse sich treiben, gleich einem Pfropfen aus Kork, der ins Wasser fiel. Um sich nicht über seine Absichten äußern zu müssen, stellte er sich, als habe er keine. Schließlich waren die Bilder da.

Zugegeben, er hat Verbindungen mit der Vergangenheit gesucht, sogar mit dem Dixhuitième. Er sagt es ja selbst. Vielleicht tat er es, weil er zuviel Gegenwart hatte und weil er nicht sich, sondern die anderen schätzte, viele, sehr viele andere. Wenn man fertig zu sein glaubte, kamen immer noch ein paar aus dem siebzehnten, aus dem sechzehnten und noch früher. Ein unglaublicher Bedarf. Es konnte einen jungen Menschen erschrecken. Bis man einsah, daß eben das und nichts anderes den Reichtum eines Menschen bedeutet, das Quantum schätzenswerter Dinge, deren er bedarf und die er nimmt. Renoir hat die Vergangenheit und sogar das Dixhuitième von der Gegenwart aus genommen und sich nicht der mit diesem Standpunkt verbundenen Bedingtheit entzogen. Ein moderner Mensch, ein lebendiger Mensch tat es, nicht etwa um Zwecke zu finden. Die lagen unten. Er tat es, um seine Mittel zu erweitern, von denen er, wie er nie aufhörte zu versichern, viel zu wenig zu besitzen meinte. Das wohlklingende Epitheton Fragonard verhält sich zu der Fülle der anderen Bedürfnisse wie ein Bächlein zum Strom oder, um ein näheres Bild zu wählen, wie Rokoko zum Barock.

Wollte man die Summe jener Renoirschen Mittel mit einem Wort bezeichnen, könnte man Barock sagen. Wenn das Wort das Nähere schuldig bleibt, läuft man wenigstens nicht Gefahr, falsche Vorstellungen zu erwecken und in jenen Mitteln etwas Vergangenes zu sehen. Denn wir haben den Begriff längst des Zeitlichen entkleidet und verbinden ihn mit Künstlern, die uns nichts weniger als Barock-Menschen sind. Es gäbe eine Geschichte des Barocks in den letzten hundert Jahren; jenes überzeitlichen, nur bildhaften Barocks. Es lockert den Klassizismus, bewegt gleich einer gewaltigen Woge Delacroix' ganzes Œuvre, bewaffnet Daumier und erhöht den Spötter, wärmt Ingres, regt sich in Corot und Millet, widersteht dem Naturalismus Courbets und wurde von Manet und Degas vergeblich bekämpft, band Rodin an Carpeaux und bändigte den Dämon, kräuselte die Pinselstriche in Monets besten Bildern, baute die Mystik Cézannes, säumte van Goghs inbrünstige Visionen und ist noch in den Bildern der Bonnard und Matisse, der Derain und eines Rouault, sogar der Braque und Picasso zu spüren, gleich Lachen des Meers auf sandigen Dünen. Eine höchst merkwürdige Geschichte. Neben den zerstörenden Kräften des Individualismus, neben der Neuheit ungestümer Schlagworte und der verwirrenden Vielheit revolutionärer Doktrinen übernimmt jenes Barock die Aufgabe, zu sammeln und zu binden, was der Drang der Neuerer zu vereinzeln sucht. In jedem großen

Künstler unserer Zeit wirken beide Tendenzen. Was wäre Constable ohne das Barock? Was wäre die ganze Berliner Schule von Menzel bis Großmann? Das Barock half Hans von Marées, die Abstraktion immer wieder zu öffnen. Als es Leibl und seinem Kreis endgültig abhanden kam, war die Blüte vorbei.

Dieses Barock, das schon, als es zu den Griechen kam, eine tausendjährige Geschichte im Süden und im Osten hinter sich hatte, gehört keinem Lande und keiner Zeit. Es ist unpersönlicher Träger des Spieltriebs und gibt immer die eine Seite der Gleichung. Auf der anderen steht das große oder kleine, kollektive oder individuelle Erlebnis, die Neuheit: Osiris, Zeus, Christus, Mohamed, Darwin, Maschine. Man kann sich nicht in den großen Epochen darauf einlassen, nur eine Seite zu betrachten, noch viel weniger im Schicksal eines Künstlers. Der Ausgleich entscheidet. Es gibt keinen Renoir ohne ihn, und die Epitheta sind Gedächtnishilfen, mit denen sich unsere Trägheit das Erlebnis fern zu halten sucht.

*

Der beginnende Künstler Renoir steht dem Dixhuitième ebenso fern wie irgendeiner seiner Generation, aber vor dem Beginn des Künstlers gibt es einen anderen Renoir, der auch schon den Pinsel führte und wenig oder nichts von dem hohen Beruf ahnte; ein kleiner Handwerker der einst geachteten Porzellanmalerzunft. Sein Vater war ein armer Schneider in Limoges, wo Renoir am 25. Februar 1841 zur Welt kam. Von der Herkunft der Familie weiß man nicht viel. Sein Großvater war nebst drei Geschwistern uneheliches Kind eines Aristokraten und einer Bonne. Der Marquis, dessen Familie noch existiert, ging in der Revolution zugrunde, und die Bastarde lagen auf der Straße. Den einen, der uns interessiert, nahm ein Holzschuhmacher namens Renoir oder Lenoir oder Renouard an Kindes Statt an. Renoir hatte eine Schwester und drei Brüder. Der älteste, Henri, war Graveur für Heraldik; der zweite, Victor, war Schneider; dann kam Auguste, der Maler. Sein jüngerer Bruder Edmond, der noch, annähernd achtzig Jahre alt, lebt, hat sich ohne wesentlichen Erfolg journalistisch betätigt. Von den paar Tropfen Bluts des Urgroßvaters abgesehen ist Renoir proletarischen Ursprungs. Sein Vater schlug sich in Limoges kümmerlich durch und siedelte vier Jahre nach der Geburt Augustes nach Paris über, wo es ihm nicht viel besser ging. Renoir sprach von dem Geschmack seiner Mutter und von ihrer Liebe zur Natur. Sonst deutet nichts auf die Zukunft des Malers. Das Kind verriet auffallende musikalische Anlagen und hatte eine hübsche Stimme. Wie Rivière erzählt, wurde Gounod, der damals in der Kirche des Viertels, wo die Eltern wohnten, den Gesang unter sich hatte, auf den Knaben aufmerksam, gab ihm unentgeltlich Privatstunden und suchte die Eltern zu bestimmen, ihn Musiker werden zu lassen. Wenn Carlyle mit seiner Psychologie der Berufswahl des Genies recht hat, wäre Renoir ein ebenso großer Komponist geworden. Jedenfalls hat sich Gounods Diagnose bewährt. Man kann die Vorzüge Renoirs kaum treffender als mit der Musik seiner Formen und seiner Farben bezeichnen.

Die Erinnerung an das übliche Limousiner Gewerbe legte dem Vater näher, den anstelligen und gewitzten Jungen in eine Werkstatt für Porzellandekor zu schicken, und er kam damit der Neigung des Sohnes, der gar keinen Ehrgeiz hatte, entgegen. Auguste lernte spielend und war bereits mit dreizehn Jahren imstande, den Eltern seinen Unterhalt abzunehmen. Nach ein paar weiteren Jahren gehörte er zu den bewährten Arbeitern, denen man die schwierigen Dekors anvertraute, erst Blumenbouquets, dann Figuren. Ich habe noch Mitte der neunziger Jahre von Renoir bemalte Vasen und Teller aus jener Zeit gesehen und glaubte in ihnen eine Voraussage seiner Palette zu finden. Die Verwendung reiner Farben auf hellem Grund, die später den Kameraden und ihm selbst manches Kopfzerbrechen bereiten sollte, hat der Handwerker schon in der Kindheit geübt. Auf das Weiß des Porzellans setzten sich die Rosa, Himmelblau und das Chrom von selbst, und es wäre ihm nicht eingefallen, sie mit unklarer Mischung zu verschmutzen. Ebensowenig ging er über die üblichen Motive hinaus. Man machte es wie die anderen, und er schlängelte seine Blumen und Figuren, wie es ihm aufgetragen wurde, höchstens darauf bedacht, etwas von dem Ornament des großen Boucher hineinzubringen, der langsam wieder in die Mode kam. Der Louvre wurde ihm schon früh vertraut. Man schickte ihn hin, um Motive für das Porzellan abzuzeichnen, und er ging auch ohne Auftrag. Jede abzusparende Stunde verbrachte er dort. Er blieb mindestens fünf Jahre bei dem Beruf und erlaubte sich nur in der Freizeit, an anderes zu denken. Wie sein Bruder erzählt, wurde er damals von den anderen Arbeitern der kleine Rubens genannt. Diesem jüngeren Bruder Edmond, den wir als Modell vieler Bilder wiederfinden, verdanken wir einige Nachrichten über das Vorspiel. Unter den Porzellanmalern der Werkstatt gab es einen älteren, der in seinen Freistunden die richtige Ölmalerei betrieb und ein Auge auf den Jungen hatte. Er wurde Renoirs erster Lehrer, gab ihm Leinwand und Farben und ermunterte ihn. Es war, wenn man den Funken hatte, nicht schwerer als sonst was. – Renoir ging zu Hause ans Werk. Er wohnte noch bei den Eltern in der Rue d'Argenteuil, und da der Platz mangelte, beschränkte er sich auf ein kleines Format. Gegenstand war eine Eva vor dem Sündenfall. Hinter ihr in den Zweigen des Apfelbaums wand sich mit geöffnetem Rachen die Schlange. So war der Holzschnitt einer Zeitschrift im Schaufenster eines kleinen Bouquinisten, bei dem Renoir täglich vorbeikam. Nach Vollendung des Opus wurde der Porzellanmeister ins Haus gebeten. Er erklärte der versammelten Familie, der Junge habe den Funken, und man müsse ihn unbedingt Kunstmaler werden lassen. Beim Porzellan bringe er es höchstens auf zwölf Francs den Tag, während er als Künstler im Salon ausstellen und Tausende verdienen könne. – Der Rat wurde mit Achtung angehört und plausibel gefunden. Der Vater zweifelte durchaus nicht an den Aussichten, denn jeden überraschte das Geschick und die gewinnende Art des Jungen, aber das Studium der großen Malerei dauerte lange, und der Schneider hielt kaum die Familie über Wasser. Renoir wäre wohl noch eine Ewigkeit bei den Tellern und Vasen geblieben, wenn der Lauf der Zeit das Gewerbe nicht zerstört hätte. Die Erfindung des Porzellandrucks dezimierte den Ertrag der Handarbeit und setzte Hunderte von Arbeitern auf die Straße. Das Publikum flog auf den neuen maschinellen Schick. Die Hoffnung, in der Staats-Manufaktur von Sèvres angestellt zu werden, ging in Dunst auf. Dort riß man sich um die billigsten Plätze. Die Lage war unerfreulich. Er hat damals alles, was ihm in die Hand fiel, gemacht; Fächer mit Watteauschen Bildern, Wappen für alte und neue Adelige, ist Gehilfe von Dekorateuren und Anstreichern gewesen. Eines Tages bummelt er mit leerem Magen durch die Rue du Bac und sieht einen Laden, wo mit religiösen Motiven bemalte Stores fabriziert werden. Ich glaube, sie waren für fremde Erdteile bestimmt. Das Geschäft blüht, und der Besitzer braucht Hände. Renoir bietet sich an.

Man macht keine Umstände. Da ist das Atelier, am nächsten Tag kann er anfangen, den Store zu soundsoviel. Ein menschenfreundlicher Arbeiter zeigt dem Neuling den Trick. Am Ende der ersten Woche ist Renoir an der Spitze; nach der zweiten verdient er 100 Francs den Tag, weil er die Stores zehnmal so schnell als die anderen fertig bringt. Bald hat er sich genug gespart, um die Ecole des Beaux-Arts zu besuchen.

Das Vorspiel prägt den Künstler und den Menschen. Renoir selbst bedauerte nicht die Jahre. Das Handwerk, meinte er, habe ihm die Glieder gelöst und die Hand auf die unentbehrliche Schnelligkeit der Niederschrift eingeübt. Das mag zutreffen, trifft aber nur die Peripherie des Nutzens. Jeder Künstler findet sein Tempo, und die Steigerung des Manuellen hätte ebensogut schaden können. Unverlierbar war der Nutzen für die Gesinnung des Schaffenden. Das Vorspiel verbot ihm, den metaphysischen Teil der Schöpfung zu überschätzen, und bewahrte ihn zeitlebens vor der Vereinsamung seines Genius. Diesen Schutz hat keiner seiner Genossen besessen, noch zu ersetzen vermocht. Auch als die Blumen und Figuren nicht mehr zum festen Preis von zehn Sous das Dutzend abgenommen wurden, blieb Malen für ihn ein in Auftrag gegebenes Handwerk, das nur als brauchbare Lieferung für andere Sinn und Geltung behielt. Wenn einer den Funken hatte, gewährte ihm die Einstellung eine wohltätige Hygiene. Man wird die ganze Bedeutung des Vorspiels erst vom Ende des Lebens aus übersehen, als der Handwerker ohne manuelle Geschicklichkeit auszukommen hatte. Sozial gerichtete Kunstfreunde aber erkennen schon von hier aus die Fragwürdigkeit des Schlosses im Äther mit dem Nixenzauber. Dieser Proletarier steht auf seinen Füßen. Das Vorspiel ist aller zweideutigen Auslegung entrückt und im Gegensatz zu der beanstandeten Erbfolge unbedingt übertragbar. Müßte jeder Künstler solche Vorschule durchmachen, wäre das Kunstproblem wesentlich vereinfacht. – Das Glück des Erben aber besteht trotz der proletarischen Herkunft und jenseits der Epitheta.

Renoir beginnt 1861 das Kunststudium, gibt aber deshalb das Gewerbe noch nicht auf, sondern verdient sich nebenher mit handwerklichen Arbeiten, auch mit der Bemalung von Porzellan und Fayence, das tägliche Brot. Fayencen blieben zeitlebens seine Leidenschaft. Da er mit einem Franc den Tag zu leben gewohnt ist, kommt er durch. Nach Rivière hat die Zweiteilung zwischen Kunst und Brotgewerbe bis 1865 gedauert. Im Winter 61 geht er zu Gleyre, d. h. in das Atelier dieses Namens an der Ecole des Beaux-Arts. Gleyre selbst ist ein unbedeutender Akademiker, aber das Atelier hat Licht, ist geheizt, und man kann nach lebenden Modellen malen. Einen Lehrer findet Renoir dort nicht und hat ihn nicht erwartet. Soviel weiß er schon: wirkliche Lehrer gibt es nur in der Porzellanzunft. In der Malerei sind sie nur da, um einem die Laune zu verderben, soweit man sichs gefallen läßt. Dagegen findet er Kameraden: Claude Monet, Sisley, den langen Bazille und eine Menge anderer. Ein paar Jahre später lernt er Cézanne und Pissarro kennen. Bei Gleyre war Bazille der einzige mit Geld, der, wenn Not am Mann war, helfen konnte. Den Sommer geht man nach Chailly im Walde von Fontainebleau, wo die Alten von 1830 sitzen. Hier nimmt sich Diaz des Jungen an; Diaz, der Kolorist unter den Dunkel-Malern. Die Staffage mancher seiner Wald-Idyllen enthält die Farbenskala Renoirs. Monet ist der Matador des Kreises, die stärkste Energie, das festeste Selbstvertrauen, obwohl er sich nicht wie Renoir zu helfen weiß und in ärgster Not lebt. Er steckt die Kameraden mit der Bewunderung Courbets an und vermittelt die Bekanntschaft mit Manet. Renoir sieht die ersten Manet auf der Refusierten-Ausstellung von

1863. Die Geschichte fängt bei allen Impressionisten ähnlich an und differenziert sich meist erst um 1870. Bei Renoir ist es insofern anders, als er Mühe hat, den Anschluß an die »Richtung« zu finden. Nichts liegt ihm ferner, als sich abzusondern. Eher stößt er sich an der Absonderung, die in der Richtung liegt, in jeder Richtung. Er weiß immer, was er malen soll, aber es vergeht eine Zeit, bis er einsieht, daß man nicht bei jedem Bild, wenn man vom Liebhaber ernstgenommen werden will, die Technik wechseln darf. Wenn er sich gehen läßt, fehlt nie der Gegenstand. Die Motive fliegen ihm zu und bringen ihm stets eine erste Hilfe, den stillen Zuspruch eines größeren Kreises. Zwischen diesem und der Art der Kameraden findet er sich nicht immer zurecht. Die Kameraden sind nicht jünger, aber kommen in die Richtung wie in eine erste Gemeinschaft. Vorher zu Hause bei den Eltern ahnte man nichts, wurde geschuhriegelt, gestoßen, verkannt, verdächtigt. Die Eltern ahnten erst recht nichts. Die neue Art, für die Monet den sichersten Instinkt besitzt, wird ohne weiteres angenommen, und dann sucht man sich seinen Platz, zeichnet sich aus, wird Persönlichkeit, immer innerhalb der Richtung. Die Richtung liegt in Frankreich. Keiner der Genossen verleugnet die Herkunft. Ihr verdanken sie den Esprit, den Sinn für Freiheit, den Geschmack. Das Neue bringt sie nicht um den Zuspruch des größeren Kreises, aber diese Hilfe gelangt erst auf Umwegen zu ihnen, filtriert durch die Richtung. Einheimische Elemente verbinden sich mit fremden, und es liegt nicht am Willen der Künstler, wenn das Fremde nicht überwiegt. Es soll überwiegen. Die Freizügigkeit des Künstlers eilt der kosmopolitischen Epoche voran. Muß mit vergrößertem Kreis nicht der Zuspruch wachsen? Das Neue strömt. Die Welt steht der Richtung offen.

Den Gefahren des Eklektizismus begegnet der auf Eigenart gerichtete Gestaltungsdrang.

Nicht so Renoir. Sein Franzosentum bestimmt alle Regungen. Es wird ihm nicht bewußt, treibt ihn zu keiner politischen Einstellung. Man hätte ihn nie für einen demonstrativen Nationalismus gewonnen. Über die Agitation, zu der sich Degas wiederholt hinreißen ließ, zuckte er die Achseln. Das Französische lag zuunterst. Nie leugnete er die Vorzüge anderer Völker, und im Prinzip war er durchaus bereit, sie sich anzueignen. Den Schritt von dem Prinzip zur Praxis versagte der Bedarf. Er vergaß darauf. Manchmal entging ihm die Bedeutung des Anlasses, und er wehrte sich offen. Als Japan kam, blieb er als einziger seiner Generation von dem Einfluß ganz unberührt, und die Mode war ihm schon im Anfang ein Greuel. In der japanischen Kunst sah er exotische Dinge. Das hinderte ihn nicht, die Gewinne, die Degas und andere den Buntdrucken verdankten, zu schätzen. »Aber«, sagte er mir einmal, »sie haben alle dafür zahlen müssen.« –

Er blieb im Lande. Seine Möglichkeiten des Austauschs waren an das Französische, wenigstens an das Lateinische gebunden. Wenn man unter den Anregern Rubens zu finden glaubt, ist es nicht der brünstige Vlame, sondern der von Delacroix assimilierte Meister. Französisch ist, was er sagt und wie er es sagt, französisch jeder Strich der Handschrift. Man braucht nur die runde Form der frühen Radierungen neben die gradlinigen Zeichnungen Manets zu halten. Eine andere, musikalisch eingestellte Mentalität, die sich der Energie des Strichigen der Jongkind-Schule entzieht, sie nicht kann, ihrer nicht bedarf. Die Pinselschrift der Bilder behält die Geschmeidigkeit des Porzellanmalers. Sobald er sich später der spitzen Kommas der Monet und Pissarro zu bedienen sucht, unterliegt er. Er ist auf das Runde angewiesen. Es tritt in der Handschrift später, wenn die Erscheinung die vollkommene Geschlossenheit erreicht, um so deutlicher hervor.

Die frühesten Bilder besitzt sein Jugendfreund Rivière, darunter eine schlafende Baigneuse, die der Besitzer in das Jahr 1861 legt. Man glaubt in der weichen Modellierung – trotz aller Akademie und Ideologie – bereits den zukünftigen Maler der Baigneuses zu erkennen. Er gehörte nicht zu den Refusés des berühmten Salon von 63, sondern wurde damals mit einer »Esmeralda« zugelassen, von der man nur weiß, daß sie sehr romantisch, umfangreich und mit Asphalt gemalt war. Renoir hat das Bild gleich nach der Ausstellung zerstört. Die Ehre des Refusierten wurde ihm 1864 zuteil. In dieses Jahr fallen die beiden courbethaften Stilleben mit der Kalla. 1865 stellte er, wie Duret berichtet, ein Frauenbildnis und eine »Soirée d'Eté« aus, die ebenfalls den Naturalismus Courbets verraten, im übrigen wenig zu sagen hatten. Ungleich selbständiger geriet das große Gruppenbild »Le Cabaret de la mère Anthony«, 1866 in Marlotte gemalt. Vorn im Hut sitzt Sisley, daneben der Busenfreund Lecœur; hinter seinem Rücken macht sich die Mère Anthony zu schaffen. Neben dem stehenden Rapin, der sich gerade eine Zigarette dreht, räumt die hübsche Nana, die Wirtstochter, von deren weitem Herzen Wunderdinge erzählt werden, den Tisch ab. Auf der Rückwand zwischen gekritzelten Noten und Versen ein paar Karikaturen von Musikern, die sich tatsächlich auf der Wand befanden; links die gespenstische Silhouette Murgers, dessen Geist über dem Bilde schwebt. Das Ganze sehr locker in bräunlichen Tönen, aus Freude an dem Behagen solcher Stunden improvisiert. Den schnurrigen Pudel könnte ein Kind gezeichnet haben, und auch manches andere Detail geht nicht weit über kindliches Anfängertum hinaus,

Le Cabaret de la Mère Antony, 1866.

aber schon ist jener latente Zuspruch am Werke und ergänzt die Deutung. Man spürt diese Menschen, ihre ganze harmlose Existenz. Bei den allermeisten Gruppenbildern der gleichen Kategorie erfährt man den Beruf der Dargestellten erst aus der Beschriftung. Bei diesen hier weiß man sofort: Künstler – sie können nichts anderes sein . . . Es liegt in der Art, wie sie stehen und sitzen, sich anschauen, miteinander reden, in ihrem Zusammensein. Sehr bescheidene Palette, aber die noch ungelenke Hand deutet bereits jene in den Werken der Genossen sehr seltene räumliche Fülle an, die auch nach Abzug der rauschenden Farbe in allen Bildern Renoirs zurückbleibt.

Gleichzeitige andere Werke sind mir nicht bekannt. Die 1866/67 gemalte »Diane Chasseresse«, 1867 vom Salon refusiert, weist wieder eindeutig auf Courbet. Das Reh ist fast Plagiat. Der gelehrige Schüler übernimmt Palette und Malrezept, nur nicht die Anschauung des Lehrers. Diese Teilung erfolgt ohne jede Absicht. Einer, der sich so offen hingibt, nimmt nichts zurück. Es ist eher ein Vergessen, ein Sichgehenlassen, und infolgedessen bleibt der Naturalismus draußen. Renoir fällt es ein, das Übernommene umzudichten und Courbet in Musik zu setzen. Schon beginnt das warme Rosa die Gestalt zu umhüllen. Der Körper ist nicht nur Fleisch, eine Materie wie Wasser, Stein oder Ackerscholle, sondern Träger eines bestimmten Frauentyps. Der Schwung in der großen kühn komponierten Gestalt war Courbet durchaus fremd. Renoir meinte später, er habe nur der Anstößigkeit wegen dem »Akt« einen antiken Bogen in die Hände gegeben und ein Fell um die Lenden gelegt. Das läßt sich heute nicht mehr nachprüfen. Die Anstößigkeit hat ihn kein Opfer gekostet. Wenn Courbet das Bild vor Augen gekommen wäre, hätte er die Diana Waldfrevel genannt und nur das Reh gelten lassen.

Das Folkwang-Museum in Essen besitzt das früheste Meisterwerk, die »Lise«. Eine ähnliche Gestalt ist die Gattin Sisleys auf dem Doppelbildnis »Ménage Sisley«, 68 entstanden. Dazu gesellt sich im gleichen Jahre der »Knabe mit der Katze«. Die Lise selbst kommt in mehreren Bildern wieder, so in dem »Sommer« von 69 der Berliner Nationalgalerie.

Für den Hintergrund der »Lise« hat sich Renoir mit einem kulissenhaften Wald aus dunklen Tönen von Grün, Rot und Braun begnügt. Vor einem großen Baumstamm, auf dem ein paar Sonnenflecke glänzen, erscheint die weiße Dame. Das Weiß der Robe ist der Mull unserer Großmütter, duftig und durchsichtig. Das härtere Weiße des Unterkleids scheint durch. Wie eine Wolke umgibt der Mull die volle Figur, die runden Arme, und läuft bis tief auf die Hand, die den Batist hält. Hier zieht das Bändchen den Ärmel ein. Die andere Hand hält den kleinen Sonnenschirm mit dem geschnitzten Elfenbeingriff und den schwarzen auf Weiß gelegten Spitzen. Wieder ein neues Weiß tritt in dem Hut mit der schmalen Krempe hinzu, und endlich das Fleisch. Die Farben haben in der Zeit, namentlich in den letzten dreißig Jahren, viel von ihrer Frische verloren; schmerzlicher Nachteil neuzeitlicher Malerei, auf den Renoirs Bilder noch oft hinweisen werden und dem er erst viel später zu begegnen vermochte. Einem Betrachter, der nicht den früheren Zustand des Werkes gekannt hat, gelingt es nicht leicht, die Zersetzung untauglicher Pigmente abzuziehen und einer Kritik zu folgen, die diese Darstellung des Frauenhaften dem Virtuosentum eines Velasquez vorzieht. Die Bilder des Velasquez haben besser gehalten. Der Reiz der spanischen Prinzessinnen ist zum guten Teil Resultat einer Aufmachung, die das, was wir vom Menschen sehen wollen, der Parade opfert. Auch Renoir läßt dem Kostüm gebührenden Anteil, aber gibt ihm das nur

Diane Chasseresse, 1867.

Lise, 1867.

für diese Frau geschaffene Ornat. Es umspielt die rundliche Fülle des Körpers. Die vielen Töne im Weiß bändigt der Gegensatz gegen das einst viel üppigere Schwarz der Schärpe und das Rot anderer Details, und dieser ganz einfache Schwarz-weiß-Kontrast gewinnt sofort den Betrachter. Der Fleischton wird von dem Rot gewärmt, das von den Korallen des Ohrgehänges über das Band am Hals bis schließlich zu dem gelb-rosa Teint des Gesichtes eine Tonleiter von wohl abgewogenen Intervallen durchläuft, den Schnee des Kleides noch weißer und zarter erscheinen läßt und selbst von dem kühleren Weiß die Wärme erhält. Alle diese vielen Töne kommen nur, sobald man sie sucht, und wirken nicht wie Zierat, sondern gehören organisch zum Menschen. Wenn wir mit ihm sprechen, achten wir nicht auf sie. Unbemerkt graben sie sich ein, und hinterher melden sie sich und halten den Eindruck lebendig. Eine andere Methode der Aufmachung. Neben der des Velasquez sinkt die Lise auf ein sehr bürgerliches Niveau, und ihr Maler, der nur kann, was er empfindet, büßt allen Nimbus des Erben ein und wird hilflos. »Otez-moi ces magots!« – Nur, da wir nun einmal alle zu den Magots gehören, fragt es sich, was Velasquez mit unseren Objekten anzufangen vermöchte. Dann drehte sich womöglich der Spieß, und der Spanier würde hilflos. Wer weiß, ob sich hinter dem unbeholfenen Modernen, den der Mangel an Mitteln zu neuer Erfindung zwingt, nicht das größere Geschick verbirgt, denn er hat mit unseren, des Nimbus entwöhnten, argwöhnischen Augen zu rechnen; die nicht wehrlose Unbeholfenheit trennt Renoir auch von den beiden Zeitgenossen, den Paten der »Lise«. Die Beteiligung Manets läßt sich nachweisen, die Courbets ist unverkennbar. Keiner von beiden hat eine Lise gemalt. Sie stehen dem Velasquez viel näher, den übrigens niemand feuriger als Renoir gepriesen hat;

der Mentalität des Velasquez, seinem Naturalismus, seiner Gabe, großzügig im Kleinen zu sein und den Moment auf Kosten der Ewigkeit zu behaupten, seinem Virtuosentum. Renoir hat Courbet gekannt und erinnerte sich des Malers, den nichts so sehr wie die eigene Malerei in Erstaunen setzte. Courbet hätte Renoir nie zu kennen vermocht. Seinem Malergelüst entging der verstohlene Zweck der Aufmachung Renoirs, mit der sachlichen Wiedergabe eines Modells, die unseren Argwohn nicht beunruhigt und der Netzhaut des Liebhabers willkommen ist, ein übersachliches Bild zu schaffen, eine Erscheinung, märchenhaft wie eine nackte Diana mit Pfeil und Bogen, und unserer Vorstellung um vieles zugänglicher als historische Prinzessinnen im Reifrock. Das Wesen der weißen Dame im Walde ist uns so vertraut, daß wir nach einem Namen für sie suchen: Lise.

Diese Doppelgabe, eins der Besitztümer Corots, blieb Courbet versagt, und Manet, der sie in der Jugend besaß, mißtraute ihr und gewöhnte sie sich ab. Im Wettkampf Manets mit Courbet siegten verfeinerter Intellekt und urbane Gesittung gegen ungleich größere Kraft. Den Massen des Bauern von Ornans begegnete der Maler der Olympia mit straffferer Energie. Das gibt seinem Auftreten die geistigere Haltung. Sein Esprit schliff die Waffe des Fechters. So fest umrissen jeder der beiden vor uns steht, gestützt auf Werke von einer dem kleinsten Stückchen Leinewand teilhaftigen Eigenart, will es uns scheinen, als näherten sie sich einander, sobald Renoir auftaucht. Die vielartigen Unterschiede vereinfachen sich zu der Verschiedenheit von Mitteln, während der Zweck derselbe bleibt. Manet übertrifft Courbet mit gewählteren und neueren Ansichten der Frau. Das Fleisch seiner Geschöpfe leuchtet heller als das der »Demoiselles au bord de la Seine«, bleibt aber Fleisch. So will

Frédéric Bazille an der Staffelei, 1867.

er, so sieht er die Frau, so entschleiert sie der Moderne. Es entgeht ihm, daß die Enthüllung ihr Wesen verneint. Renoir sucht den Menschen. Seine Beteiligung am Bilde ist anders, und zwar nicht nur, wenn es sich um Frauen handelt. Die Berufung des Frauenmalers kommt später und wäre kaum so reich erfüllt worden, hätte Renoir nur sie gekannt. Seine schönsten Frühwerke sind nicht figürlich, und seine bedeutendsten frühen Bildnisse sind Männerbilder, Bildnisse seiner Freunde; der Sisley aus der Sammlung Lapauze, der Sisley, lesend mit der Pfeife, und vor allem der Bazille, die Überraschung der Frühzeit, seit kurzem im Luxembourg. So märchenhaft die weiße Dame wirkt, die Darstellung des Malers vor seiner Staffelei gibt vielleicht doch noch mehr, berührt intimere Gebiete des Interesses, hält länger aus. Ich denke dabei weniger an das großartige Malerhandwerk, das heute noch die Frische des ersten Tages besitzt, nicht an diese Fülle von Tönen bei so begrenzter Palette, sondern an den seelischen Inhalt des Werkes. Man kann sich den überlangen Menschen, der sich zum Malen klein machen mußte, vorstellen und glaubt, geführt von der Sympathie des Freundes, eine weder ihm noch dem Darsteller bewußte Unzulänglichkeit des Berufs für solche Menschen zu entdecken. Geführt von Sympathie – darin liegt alles. Es war kein Kunststück, Bazille zu karikieren, und es lag ungemein nahe. Ein Hauch von Ironie verstand sich fast von selbst. Renoir dachte nicht daran, das Bild ist ein ganz ungemischtes Denkmal der Freundschaft, von der Zartheit, die den Romantikern eigen war, und dabei nichts weniger als sentimental. Renoir gibt alles, sogar seine Eigenheit her, um den Freund zu verewigen. Nur wer ihn sehr gut kennt, findet Renoir in dem Bilde. Die auf Braun und Grau gestellte Palette ist noch ganz Courbet, auch der breite Auftrag, aber gerade hier, wo sich die Mittel nahezu identifizieren, wird die geistige Differenz greifbar. Man könnte das Paradox wagen, Renoir nähere sich hier den deutschen Freunden Courbets der gleichen Zeit.

Manets Anteil ist am deutlichsten in der Ansicht der Champs Elysées, einem Breitformat mit der Volksmenge auf der Weltausstellung von 67, angeregt von Manets hinreißendem Weltausstellungsbilde desselben Jahres, der Perle der Galerie von Oslo. Man erkennt Renoir in dem weichen Grün der Bäume und in der Charakterisierung der Menschen. Auch gewisse Ungeschicklichkeiten des Koloristen, unvermittelte Akzente in der Menge, verraten ihn. Den Bildern Manets dieser Zeit gibt die Art, wie die Figuren der Menschen in die flutende Farbe gesetzt sind, unwiderstehlichen Reiz. Hier geht er am weitesten über Courbet hinaus, dem der Mensch in der Landschaft immer nur Störung war. Die Überlegenheit beruht nicht auf technischen Mitteln. Was kümmert uns schließlich, ob der eine mit der Modellierung, der andere mit dem Flächigen hantierte. In den Bildern mit den kleinen Figürchen unter den Bäumen der Tuilerien oder der Champs Elysées oder im gelben Sande am Strande überwindet Manet den Naturalismus mit einer uneingestandenen Lyrik, die, gerade weil sie dem Virtuosen unbewußt blieb, die reinsten Früchte, Gelegenheitsgedichte, trägt. Hier fand Renoir am leichtesten Anschluß an den Führer und gewann entscheidende Hilfe, wäre es auch nur der Zuspruch, auf dem eignen Wege weiter zu gehen. Der ganze Kreis hat damals unter Manets Einfluß Ansichten von Paris gemalt, und die von Claude Monet sehen den frühen Stadtbildern Renoirs, z. B. seinen Seinequais, ähnlich. Nur Renoir fügt dem Anreger etwas hinzu, seine eigene Freude am Dasein. Die diminutiven Menschen, in den Bildern Monets Statisten der malerischen Regie, beteiligen sich an der Handlung. Der »Eislauf« in der Sammlung R. v. Hirsch ist noch kaum ein Renoir, zumal den dunklen, fast schwarzen Tönen jede Andeutung der Palette fehlt, sicher aber eine der lebendigsten »Schildereien« der Zeit, gefunden wie ein Wort. Das zappelnde Volk zeichnete ein unbeholfener Impressionist, der mit aufs Eis ging und dabei das Zittern bekam. Es ist der echte unwiderstehliche Humor, der nicht nur die Figürchen tanzen läßt, sondern die tanzenden Drähte mit ins Bild bringt. Das wird in den ersten Monaten des Jahres 68 gewesen sein. Im Sommer kam es zu den ersten Ansichten der Grenouillère, mit den Ausflüglern auf dem Landungssteg, mit lachenden Wellen und Schiffchen, mit den Streifen der Badehütten und den Tischen und Stühlen unter Bäumen, mit geplusterten Röcken, geputzten Hüten, nackten Bademätzen und behosten Männerbeinen. Die Sonne muß in diesem Sommer besonders kräftig gewesen sein. Sie zog den Figürchen Farben an, ließ das Wasser leuchten und illuminierte die Ufer. Hier entstanden Renoirs erste ganz eigene Bilder, Pariser Sonntage draußen an der Seine, seine Jugend-Gedichte. Hamburg und Stockholm besitzen die schönsten. Bei ihrem Anblick kann es geschehen, daß man Hamburger Senatoren zumutet, Ballett zu tanzen.

Etwas vom Sonntag gehört zu allen Renoirs, und wo es fehlt, sind die Bilder verfehlt. Das konnte nicht ausbleiben, und es hat sich zum ersten bemerkenswerten Male in demselben fruchtbaren Jahre 68 mit einem umfangreichen Bilde ereignet, dem »Clown im Zirkus«. Das Bild erinnert an Schwächen Courbets, dem der Humor abging. Auch der Clown, könnte man sagen, hat nur einen Situationshumor, ist farbig ohne rechten Rhythmus. Ein Primitiver verzierte die bunten Schmetterlinge des Trikots, detaillierte mit aller Genauigkeit die Geige, gab den Zuschauern Gesichter und übersah die Hauptsache, die Atmo-

Der Seinequai (Pont des Arts), 1868.

sphäre. Renoir suchte nach einem Ausgleich zwischen Koloristik und Plastizität und stieß auf das große Problem seines Künstlertums. In dem frühreifen Impressionismus der Grenouillère-Bilder lagen viele Möglichkeiten für manethafte Motive oder für Motive eines Landschafters, der den Dingen nicht zu nahe rücken wollte. Dafür eigneten sich kleine Formate. In größeren erreichte die Methode amüsante Hintergründe, aber vorn, wo die Entscheidung lag, versagte die Flinkheit. Mit dem Zirkus ging es ihm wie Courbet mit den »Lutteurs«, den beiden nackten Ringern im Zirkus, die infolge übertriebener Modellierung ein Fremdkörper im Bilde bleiben. Renoirs Clown protzt nicht mit den Mitteln und hat vor den »Lutteurs« seine drollige Einfalt voraus, aber diese bleibt im Zirkus, wird nicht vollständig in die Erscheinung übertragen.

Courbet erleichterte sich den Ausgleich der Farbe und der Modellierung mit einer traditionellen Palette, vermied aber trotzdem die Klippe nur, wenn er sich seinem Temperament überließ und das Problem vergaß. Renoir bestand auf der Lösung. Sie war nicht augenblicklich erreichbar, am wenigsten mit ungestümer Draufgängerei, bedurfte eines vorsichtigen Wägens und Tastens, und dabei lief man Gefahr, das Erlebnis einzubüßen. Nur ein ganz klarer Intellekt, verbunden mit einer sinnlichen Anlage, die keine leerlaufende Überlegung duldete, konnte im Laufe der Zeit dem Ziel näher kommen. Natürlich hat Renoir seine Entwicklung nicht vorausgesehen, und es war das unermeßliche Glück seiner Natur, abstrakter Programme nicht zu bedürfen. Die Umrisse des Ziels aber, die Erhaltung oder Wiedergewinnung des Plastischen innerhalb einer koloristischen Form, ein Ziel, das sich keineswegs mit dem seiner Genossen deckte, das muß er schon damals geahnt haben. Die auffallenden Schwankungen innerhalb so kurzer Zeit sind nur

Clown im Zirkus, 1868.

Ménage Sisley, circa 1868.

durch voreilige Eingriffe zu erklären. Die vollendete Abrundung des Bildhaften verdankt die »Lise« der verhaltenen Farbe. Der lebhafte Akzent beschränkt sich auf ein schmückendes Bändchen. Im »Ménage Sisley« stockt schon ein wenig der Rhythmus, gehemmt von der schönen Damenrobe. Die Lyrik stößt sich hier und da an der Form, aber die Begrenzung der Mittel kommt der Einfalt zugute, und die rotgestreifte Seide entzückt. Ähnlich im »Knaben mit der Katze«. Die Kombination der weißen, grauen und blauen Töne wurde glücklich abgewogen, und die grau-blau gemusterte Tischdecke, gewebt aus starken Pinselstrichen, ist ein prachtvolles Stück Malerei. Kein Liebhaber widersteht. Aber kommt neben der Üppigkeit der Tischdecke nicht der Akt zu kurz? Er wirkt fast wie ein abzuhebender Annex. Das Fleisch versagt. Die saubere Modellierung unterstreicht noch die Differenz der Materie. Zum Glück hilft das Motiv: ein schmächtiger Knabe, dessen Zartheit durch den glatten Vortrag gewinnt. Die diskrete Beziehung zwischen dem Grau des Fleisches und den grauen Tönen der Decke hat großen Reiz. Ein Glücksfall. Renoir begnügte sich mit einem Stilleben aus Decke, Knabe und Katze und begegnete so wenigstens allen Gefahren des Genrehaften. Die Art dieses Stillebens bringt es mit sich, daß man den Knaben durch ein anderes Detail ersetzt denken könnte. Er steht nicht annähernd so sicher wie die Lise. Man beschwichtigt nicht alle Einwände mit der Zartheit des Knaben und der Einfalt des Malers. Auch Stilleben bedürfen des Gleichgewichts.

Solche Mißgriffe blieben Manet erspart, und Renoir wäre ihnen ebenso entgangen, wenn er sich enger an die Form Manets angeschlossen hätte. Dem widersetzte sich nicht sein Ehrgeiz, sondern seine Anschauung. Schon sehr früh bemerkt man in seinem Verhalten zu Manet eine gewisse Reserve. Der Gegensatz zwischen Courbet und Manet, der von fast allen seinen Freunden geteilt wurde, ließ ihn kühl. Was ihn von Courbet entfernte, war die Dunkelheit, keineswegs die Eigenschaft, die Manets Witz mit der Billardkugel persiflierte. Er bewunderte Manet ohne Verlangen. Fantin Latour verteilte in seinem »Atelier aux Batignolles« die Rollen nicht ganz zutreffend, als er Renoir die Haltung eines ehrfürchtigen Betrachters gab. Es war mehr ein Staunen, das Renoir fühlte, zuweilen Verblüffung, und vielleicht bestimmte nicht nur der Zufall seinen Freund Bazille, ihn in dem gleichzeitig entstandenen intimeren Atelierbild, das auch eine Huldigung Manets mit fast gleichem Personal war, wegzulassen. Bei aller Bewunderung blieb dem Lyriker der ungestüme Dränger immer fremd. Manet kam ihm spanisch vor. Er begriff Manets Verzicht auf die Modellierung, aber hätte nie diese Konsequenz zur eignen Richtschnur gemacht. Viel näher stand ihm Claude Monet. Monet hat das mangelhafte Selbstvertrauen Renoirs gestärkt und ihn über manchen Zweifel hinweggeholfen, und Renoir dankte dem Freunde mit einer Anhänglichkeit, die zuweilen zur Abhängigkeit wurde. In der Erhellung und Reinigung der Palette sah er die entscheidende Tat der Generation, und nie in spätester Zeit wurde er müde, das Lob des Befreiers aus dem Dunkel Courbets zu singen. Man findet in den siebziger Jahren manches den schönen Monets dieser Zeit ähnliche Werk. Auch Sisley kam ihm damals zuweilen nahe. Freilich verringert sich die Ähnlichkeit immer sehr merkbar, wenn man die Werke zusammen sieht. Monet wirkte auf Renoir ähnlich wie auf Manet und traf bei Renoir auf einen durch die Herkunft des Handwerkers und durch andere Einflüsse vorbereiteten, empfänglichen Boden. Die Wirkung beschränkt sich auf die Mitteilung der hellen Palette, aber war ungemein folgenreich. Es ist nicht zu verwun-

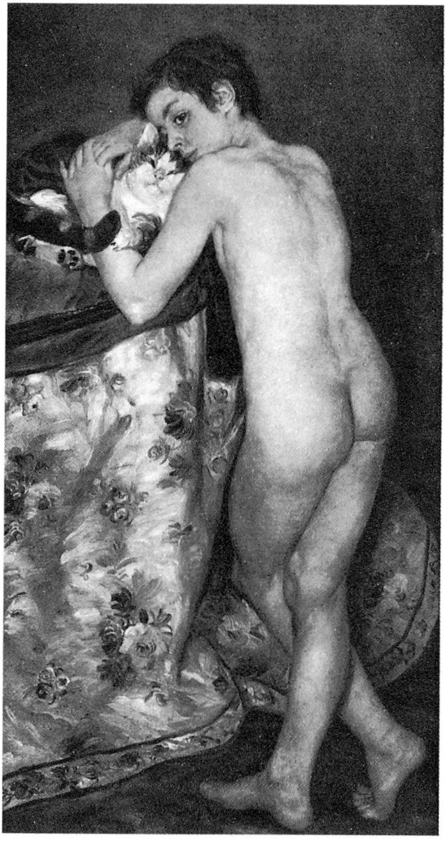

Knabe mit der Katze, 1868.

dern, daß man Renoir anfangs, als jene Palette noch neu war und nur von dem kleinen Kreise verwendet wurde, mit den anderen Beteiligten in einen Topf warf. Als der Impressionismus Gemeingut wurde, ergab sich allmählich der Unterschied zwischen Richtung und den einzelnen Matadoren. Es ging Renoir wie Cézanne. Man begann den Kreis der Impressionisten enger zu ziehen, nannte so Monet, Pissarro, Sisley und ein paar andere Landschafter, die das Interesse an atmosphärischen Erscheinungen über das Erlebnis stellten und sich mit der Ausübung des koloristischen Verfahrens nahezu erschöpften. Renoir lehnte später jeden Naturalismus, ob mit heller oder dunkler Palette, bedingungslos ab. Mit dem Licht, sagte er mir einmal, um 1900, mache man es wie man wolle. Aus der Natur habe sich noch keiner die Malerei geholt. Damals fiel das Wort: »Moi je reste dans le rang.« –

Das Wort gefiel mir, ohne daß ich es genau zu deuten vermochte. Welche Reihe meinte er? Damals blühte der Impressionismus.

Seine Erklärung überraschte. Ich fragte ihn, wo man, wenn nicht in der Natur, das Malen lernen könne.

»Au musée, parbleu!« antwortete er.

Ich habe noch das Parbleu im Ohr, hingeworfen mit dem Achselzucken letzter Selbstverständlichkeit. Sollen wir uns vielleicht über Adam und Eva unterhalten? – Mich verwirrte es damals bedenklich. So ein Parbleu – es war nicht das erste, manchmal bekam man es von drei Seiten auf einmal – warf plötzlich in das System ein blankes Steinchen und zwang, den ganzen Apparat auseinanderzunehmen. Parbleu hieß gewöhnlich: dummer Deutscher mit deiner Sauce, kürze den Atem ab, mach die Augen auf! – Dann war immer alles sechsmal so einfach, als man sichs gedacht hatte. Hier war es ums Vielfache komplizierter. Die Berufung auf das Labyrinth der Vergangenheit, Tummelplatz aller Diebe, hinter Mauern, fern von der Sonne – so sprach keiner, der zur Natur zurück wollte, auch kein Naiver. Aber schon dämmerte in mir die Geschichte von dem Lehrling, den man in den Louvre schickte, um für Madame Chose das Motiv zu holen. Mach, daß du wiederkommst!

Parbleu! so spricht nur ein Naiver. Der Satz redet von Kunst, nicht von seelischen Prämissen und dem anderen Hokuspokus. Dergleichen gilt als Voraussetzung. Die Regung hat man oder hat sie nicht. Es handelt sich darum, sie darzustellen. Damit fängt es an, und das findest du so wenig in deinem Innern wie einen Porzellanteller. Dreh dich um! –

Hat Renoir immer so gedacht, auch als Monet mit seinem Spektroskop und all den anderen Neuheiten kam? Ging ihm immer das Parbleu so leicht von den Lippen? Wir dürfen füglich daran zweifeln. Nicht etwa, daß ihm die Vorstellung, man müsse in der Reihe bleiben, erst im Alter kam. Ohne sie wäre es nie zu den Alterswerken gekommen. Sie war ihm angeboren wie die Freude am Dasein. Er fühlte, so mußte es sein. Dieses Gefühl, das mit Courbet und Manet gekämpft hat, sollte jahrelang im Impressionismus mit Monet kämpfen. Für Renoir ist der Louvre kein Mausoleum, sondern der lebendige Zuspruch des großen Kreises, den ein Monet erschüttern, nicht ersetzen kann.

Rester dans le rang! Nur eine durch nichts zu erschütternde Einfalt konnte auf den Wahlspruch fallen. Immer gelten alle widersprechenden Regungen als stillschweigende Voraussetzung; das versteht sich. Rester dans le rang bedeutet die Absage an die schrankenlose Selbstherrlichkeit des Genies, das mit dem Recht des Stärkeren jede Reihe vernichtet. Dieser Willkür, deren Taten, selbst wenn sie Anbetung erzwingen, den Boden, der sie trägt, zerstückeln, stellt Renoir den Anspruch des Bodens gegenüber. Er hat keine Trümmer zurückgelassen.

Renoir ließ sich von Monet nicht abhalten, in das Museum zu gehen. Manche Hilfen stellten sich magnetisch ein. Das Dixhuitième umgab ihn mit den goldenen Trauben eines Weinlaubengangs im Süden. Den bog er, ohne einen Zweig zu brechen, beiseite. Nur die Hilfen, die ihm entbehrlich schienen, kamen ungerufen. Andere widerstanden lange, am längsten eine, die seiner Art am wenigsten gemäß scheint und allem, was die Courbet, Manet, Monet wollten, widersprach. Sie wurde seinem dichtgefüllten Leben zum Ziel: Delacroix. Seine anderen Vorbilder ergänzten ihn. Dem Père Corot fühlte er sich verwandt. Delacroix stand jenseits, ein Wesen, zu dem man nicht gehörte, der Mensch, der anders als alle und alle in einem war. Kaum einer der Freunde besaß auch nur das Verlangen, geschweige das Organ, ihn zu begreifen. Courbet hatte den Weg versperrt. Die Natur war gekommen, die Unnatur. Renoir begriff Delacroix so gut, daß ihm damals jede Anstrengung, die an diesem Ziel vorbeiging, unnütz und beinahe verwerflich schien. Monet wunderte sich. Wenn die Rede auf diesen Gegenstand kam, sprach Renoir allein. Er begann seinen Weg zu Delacroix handwerkerhaft mit kleinen Mitteln. Man mußte ein Bild so malen wie das Stoffmuster des Kissens auf der linken Seite der Femmes d'Alger, so leuchtend, mit solchen Farben. Monet lachte. Wenn es wirklich gelang, fragte es sich immer noch, ob man mehr hatte als ein Stück Stoff aus einem Delacroix. Renoir antwortete nicht und ging in den Louvre.

1870, im gleichen Jahre, als Renoir mit dem »Akt vor der Hängematte« noch einmal seine Abhängigkeit von Courbet eindeutig dokumentierte, entsteht die liegende Odaliske, das

Die Odaliske, 1870.

erste Bild mit voller Palette, farbiger als alle vorhergehenden, überfarbig, eine Orgie des Koloristen. Er detaillierte das bunte Muster des Beinkleids mit den Goldstreifen um die Knie, den roten Bolero und das prunkende Interieur bis auf die goldenen Borten des purpurnen Liegekissens im Hintergrund. Mit zahlreichen Tönen wird das Gelb in der Wand abgestuft, und hinter dem Kopfkissen, als reute ihn die Zurückhaltung, kommt es noch einmal zu einem Ableger der Palette. Die Wand ist offenbar nur da, um das sehr fahle Gelb des Fleisches, das Wagnis des Bildes, vorzubereiten. Man spürt in der Kühnheit die Vorsicht. Der glorreich gemalte Schal auf dem Schoß der Odaliske mildert mit wolkigem Weißgrau wohltuend das Bunt der Hose. Die Regie wird bemerkbar. Sie sorgt für Ausstattung; Regie eines Inspizienten, der weiß, was zu der orientalischen Szene gehört. Auch der mit dem Lippenstift gezogene grellrote Strich darf nicht fehlen. Der Maler kommt nach dem Inspizienten und tut, was er kann, steckt Lichter auf, ziseliert glänzende Details und vergrößert die Unruhe. Der Handwerker gab sein Gesellenstück. Es bringt alle Schikanen des Metier und ist der zünftigen Auszeichnung sicher, nur nicht der Zustimmung Delacroix'. An die »Lise« darf man nicht denken. Das Kleid ist nicht die organische Hülle eines bestimmten Menschen, dem wir näherkommen, sondern der belastende Schmuck einer Modellpose. Die Probe auf Velasquez fiele in diesem Falle negativ aus, obwohl die Farben gehalten haben. Die Beziehung zu Delacroix beschränkt sich nahezu auf das Kostüm. Der Rest: erstaunliche Geschicklichkeit. Man trägt schwerer an solchem Reichtum, der geopfert werden muß, als an der Armut. Das Bild ist die erste Etappe eines sehr langen Weges. Dieser sollte nach vierzig Jahren zu ganz anderen Odalisken führen.

Die Begeisterung verlockte Renoir zu einer weiteren Kraft-

Parisiennes habillées en Algériennes, 1872.

probe. Der Odaliske hatte die Beschränkung auf die Einzelfigur geholfen. Der Reichtum an gelungenen Einzelheiten täuschte Renoir und andere über die Untiefen hinweg. In der Komposition hatte er sich nicht eng an das Vorbild gehalten. Er wollte mehr und malte ein Bild mit vier Figuren, dem man auf den ersten Blick das Wagnis ansah, die »Femmes d'Alger«, Renoirs Idol, das er für das schönste Bild der Welt erklärte, zu übertragen. Der Vorwurf ist der gleiche, ein Harem. Renoir nannte das Bild »Parisiennes habillées en Algériennes«. Der Titel verriet die Verlegenheit. Damit sollte naheliegenden Einwänden begegnet und die Huldigung verschleiert werden, aber Renoir verschleierte nicht sein Vorbild, sondern sich selbst. Die gelungenste Figur, die den Spiegel haltende Sklavin, nähert sich Einzelheiten Delacroix'. Die Frau im Hintergrund erinnert an die Negerin, auch Details der Ausstattung sind ähnlich, nur nichts Wesentliches. Der Versuch, das gefährlichste aller Werke, das selbst Delacroix, noch fern von der Reife, nur mit Aufbietung aller Kunst vor den Klippen des orientalischen Genre zu bewahren vermocht hatte, führte zu einem nach Delacroix gestellten lebenden Bilde und scheiterte schon an ganz primitiven Fehlgriffen, zumal an dem unglücklichen Verhältnis der Gestalten zum Raum. Sie sind zu groß für das Gemach. Delacroix hatte das Interieur mit größter Sorgfalt gewählt und ausgestattet und es zum organischen Gefäß der Frauengruppe gemacht. Die Kostbarkeit der Fassung entspricht dem juwelenhaften Reichtum des Fleischs und der Kostüme und der zurückhaltenden Sprache der Glieder. Menschen und Raum ergänzen sich und sind nicht voneinander zu trennen. Alles das fehlt dem neuen Harem. Die Figuren wurden von draußen in den summarisch dekorierten, nicht gebauten Raum hineingetragen und bleiben verworrene Massen. Die schräge

Komposition, die dem »Ménage Sisley« zustatten kam, versagt hier, weil die Diagonale zu absichtlich hervortritt. Es fehlt die Gegenbewegung, die in dem »Ménage Sisley« schon von den vielen Streifen in dem Kleide und vor allem von der starken Vertikale des Mannes gebracht wird. Die Farbe des Harems betont noch das Unwahre der Gebärde. Das Grau Courbets kämpft vergeblich mit der Palette Delacroix'. Renoir hat nie schmutziger gemalt.

Eins tritt unverhüllt hervor: die jugendliche Begeisterung des Malers. Nur eine hemmungslose Einfalt konnte so radikal daneben treffen. Dies der Vorteil des Fiaskos. Ein anderer wäre mit den Vorzügen der »Odaliske« zu einem einträglichen Virtuosentum gelangt, womöglich ohne sich der Fiktion bewußt zu werden. Der »Harem« wurde eine Bilanz. So ging es nicht. Es bezeichnet Renoir, daß er trotz alledem Delacroix nicht verließ. Nur die Gefahren eines zu leicht genommenen Enthusiasmus gingen ihm auf. Man konnte das Vorbild nicht direkt übertragen. Es setzte Bedingungen voraus, die nicht mehr existierten, deren verwendbarer Besitz schon zu Zeiten der »Femmes d'Alger« ein Wunder gewesen war. Diaz hatte in Chailly dem Anfänger als wichtigste Regel empfohlen, ausschließlich nach der Natur zu malen; ein anständiger Maler dürfe nur mit dem Modell vor Augen den Pinsel berühren. Eben diese Vorschrift spürt man in dem »Harem«. Delacroix hatte den seinen aus dem Kopfe gemalt.

Renoir hat sich den größten Teil seines Lebens an die Vorschrift des alten Diaz gehalten. Noch in letzten Jahren mußten die Modelle im Atelier sein, auch wenn er sie nicht ansah. Der Gehorsam verhieß die Sicherheiten Courbets und seiner Schule, aber bedingte Verzichte. Man hatte festen Boden unter den Füßen und sah von hier, wie Delacroix über die

Meere fuhr und die Welt umfaßte. Der Satz – wie oft wurde er im Kreise Monets diskutiert – hieß abstellen, sich beschränken, wieder Handwerker werden. Und damals bei den Porzellantellern hatte man kein Modell gebraucht. Kam einer mit so gedrillten Organen zu Delacroix, so ging es ihm wie dem Blinden in der Schatzkammer, und der wirre Räuber trug ein Kissen davon. Monet meinte, das komme davon, wenn man in den Louvre gehe statt an die Seine.

Renoir entging nicht, wie anders es Delacroix mit Rubens gemacht hatte. Diese Stelle im Museum verfolgte er mit besonderer Aufmerksamkeit. Delacroix hatte das Bewegte seines Ahnen noch beschleunigt und die große Dekoration prunkender Säle in das Gefüge des Staffeleibildes gepreßt; eine Reduktion des Formats, nicht des Inhalts; eher eine Bereicherung, Verzicht auf das summarische Schulbild. Die Intensität der sogenannten Rubensschen Skizzen nahm Delacroix als Norm. Er büßte fast nichts ein, nicht einmal das Wandbild, und gewann das Fresko. Dieser Dekorateur malte Heiligenbilder von der ergreifenden Mystik Rembrandts und häufte die Summe seiner Prachtgelüste in eine zierliche Ritterlegende winzigen Umfangs. Solche Kunst war nicht an das von Diaz empfohlene Modell gebunden, sondern an einen im Gedächtnis bewährten Formenschatz, der die Spanne zwischen Raffael und der Gegenwart umfaßte. Für Delacroix war dieser Schatz kein Museum, sondern Heimat. Er wohnte da auf seinem Grund und Boden. Renoir begriff, daß er und seine Freunde nicht ebenso wohnten. Sie hatten Zimmer nach dem Hof, kleine Chambres garnies. – Monet zuckte die Achseln, das war so und ließ sich nicht ändern. Der moderne Künstler wohnte überhaupt nicht, strich in der Natur herum, machte die Atmosphäre zu seiner Heimat. Seine Heimat war größer. Nie hätte er sich nach dem Prunk der Alten zurückgesehnt. Renoir überlegte, daß Delacroix noch vor kurzem am Leben war. Viele Bekannte hatten ihn gesehen, mit ihm gesprochen; Manet war bei ihm gewesen. Auch er selbst hätte ihn besuchen können. Jahre vor dem Tode Delacroix' hatte er zu malen begonnen. Der Gedanke erschütterte ihn. – Uns geht es heute so, wenn wir an die Nähe Renoirs denken.

Ein paar Jahre nach dem Fiasko mit dem »Harem« hat Renoir noch einmal eine unmittelbare Annäherung versucht, als er auf Veranlassung eines Bekannten die »Noce juive« im Louvre kopierte, ein schlecht erhaltenes Werk Delacroix', das der Rettung wert wäre. Er gedachte es so mit ihm zu machen wie Delacroix mit Rubens. Die Kopie, ein interessantes Dokument für die Genesis Renoirs, hat nichts von der Anschauung des Vorbilds. Die Schönheit der Renoirschen Flecke ersetzt nicht die von der Zeit verdorbenen Farben Delacroix'. Ihre Buntheit trägt in das orientalische Milieu einen vorlauten künstlichen Orient. Wenn Delacroix Rubens kopierte, reinigte er das Wesen des Werkes. Das gleiche gelingt Manet mit Velasquez und Goya. Renoir erreichte eher das Gegenteil.

Selten hat ein Künstler um den Meister seiner Wahl so erbittert gerungen wie dieser Franzose um den Franzosen. Schon in dieser frühen Phase erkennt man, wieviel der üblichen Anschauung von dem geborenen Glückskind hinzuzufügen ist. Es handelt sich ja nicht um zufällig verfehlte Bilder, sondern um zufällig sichtbar gewordene Symptome für Hindernisse einer Entwicklung, die ohne den erkorenen und zunächst durchaus unzugänglichen Wert nicht erfüllt werden konnte. Wie kam er, gerade er, von dem man sagte, er lasse sich treiben, und der dasselbe von sich sagte, zu dieser Einstellung? Was erreichte er anderes, als seine Hemmungen zu wecken und sich mit ihnen, gleich störrischen Böcken, den Weg zu versperren! – So werden wir uns noch oft zu fragen haben. Hinterher, oft sehr lange hinterher, wenn man ihn längst in anderen Gegenden glaubt, kommt die Antwort. Die Hemmungen sammeln die Spannkraft, mit der die lange Kurve in die Höhe steigt.

Ganz anders sein Verhältnis zu Corot. Landschaften Corots hat er in fast allen Perioden kopiert oder vielmehr übertragen, und man hat den Eindruck, das sei ihm ein Spiel zur Erholung gewesen. Die Kameraden verfuhren mit dem Meister wie Renoir mit Courbet, entlehnten für ihre frühen Bilder Corot die Palette und vergaßen ihn alsbald, um ganz andere Wege zu gehen. Renoir fand ihn ohne Bemühen und behielt ihn. Er brauchte sich in seinen Landschaften nur gehenzulassen, um ihm nahezubleiben.

Bis Ende 1873 schwankt der Sucher. Die zahlreichen Bildnisse, mit denen er nach Brot ging, spiegeln die sich widerstreitenden Einflüsse. In dem Dresdner Brustbild der Dame im Abendkleid mit dem Dekolleté aus schwarzen Spitzen hat die Materie überraschend gewonnen. Vorher begnügte sich der Maler meist für das Fleisch mit einem kittgrauen Ton, der dekorativ zu der Umgebung gestimmt wurde. Das Dresdner Damenbild ist ungleich freier und malerischer, ohne Unterschiede im Auftrag behandelt; eine deutliche Änderung der Richtung nach der Fleischmalerei Delacroix' hin, aber die Palette bleibt matt. Die Töne gelangen zu keinem Klang und gleichen zerfetztem Gewebe. Der an sich organische Auftrag bringt keine wirksame Ordnung hervor. In anderen Bildnissen scheint Renoir alle freien Bewegungen abgeschworen zu haben, um sich mit kleinbürgerlichen Details zu helfen. 1871 malte er die Frau seines Freundes Maitre, der auch den »Knaben mit der Katze« besaß und dem Renoir mit dem Bildnis den Dank für

Damenbildnis, 1870.

Die Amazone, 1873.

eine Hilfe abtragen wollte. Die Frau steht in ganzer Figur vor einem wohlgarnierten Blumentisch. An dem Kleid kann man alle Falten zählen. Die Wand hat eine allzu hübsche Blumentapete. Es ist fast ein Alfred Stevens. Man begreift kaum die Gleichzeitigkeit dieses Bildes mit dem lebensvollen Gesicht in dem Museum von Northampton, das dieselbe Frau darstellen soll. Sie gleicht eher der Mme. Darras.

Tausend Klippen haben damals das Glückskind bedroht. 1873, nach der Katastrophe mit dem »Harem«, macht er mit der »Amazone« einen großen Schritt zurück in die Nähe der »Lise«. Hat er Delacroix aufgegeben und sich im Schatten Courbets wiederfinden wollen? Der Rückzug mißlang. Man gewinnt keine Verzichte zurück. Das Riesenformat wird für einen minimalen Zweck aufgeboten. Die Malerei zeigt keine Lücken, aber steht unter vielen äußerlich weniger fertigen Werken der Zeit, und zwar nicht, weil das Grau Courbets entscheidet, sondern weil nichts Farbiges, sondern eine fertig mitgebrachte Form das Bild trägt, die imposante Erscheinung einer Reiterin im schicken Zylinder und ein netter Junge auf einem Pony. In den runden Pferdeleibern steckt etwas von der klischeehaften Hippologie des angebeteten Velasquez.

DIE LOGE

Bald nach diesen Bedrängnissen hat sich Renoir gefaßt und seine Form gewonnen. Die Klippen wurden umschifft. Mit 1874 beginnt die am meisten bewunderte Periode seines Schaffens. Verdankte er die Wendung dem Impressionismus? Entführte Monet den Betörten dem Dämon Delacroix? In der Tat scheint Renoir den Weg zu dem Idol zu verlassen, aber nicht um Monet zu folgen. Die Bilder des Jahres 74 verraten wenig von dem Impressionismus, soweit dieser damals überhaupt schon zu einer greifbaren Doktrin geworden war. Das kommt noch. Es gibt einen Impressionisten Renoir, auch wenn er sich als solcher nie ganz zuverlässig erweist. Die Bilder der sogenannten Glanzzeit verraten vor allem den Geist und die Form Renoirs. Auf welche Einflüsse die mitspielenden Reflexe anderer Formen zurückzuführen sind, bleibt dahingestellt. Delacroix' Anteil ist wahrscheinlich, aber er vermischt sich mit anderen Hilfen aus dem »Museum«. Man wird sich bis auf weiteres begnügen müssen, die »Loge« und die Werke in ihrer Nähe, soweit uns nicht der Name des Urhebers genügt, altmeisterlich zu nennen.

Es sind Bildnisse. Das früheste des Jahres 74 war wohl das lebensgroße Porträt der Mme. Hartmann im Luxembourg, die schwarze Dame vor dem schwarzen Flügel. Das Schwarz ist nicht aus Blau und Rot gewonnen, wie es der Impressionismus vorschrieb und wie es Renoir selbst bald darauf oft gemacht hat, aber ebensowenig das reine Schwarz, das Tintoretto, wie Renoir einmal sagte, für die schönste Farbe hielt, das Schwarz der »Lise« und anderer frühen Bilder, das Schwarz Courbets und des spanischen Manet. Renoir liebte es, aber entzog sich nicht

Bildnis der Frau Hartmann, 1874.

der Einsicht, daß es in der Natur in großen belichteten Flächen nicht vorkommt, und man nahm die Sache zu leicht, wenn man es summarisch verwendete. So machte es der Maler der um vieles berühmteren »Dame au Gant« im Luxembourg und gab damit seinem Bildnis die dekorative und beinahe revolutionäre Allüre. Einen Augenblick geriet Carolus Duran in den Verdacht, zu den Modernen zu gehören. Einen Augenblick lang mag man seine temperamentvolle Dame dem Renoir vorziehen, dessen Schwarz von grauen, blauen, gelblichen Tönen belichtet, nicht jenen schlagwortartigen, man könnte fast sagen heraldischen Eindruck erreicht und zunächst eher etwas flau wirkt. Das Schlagwort hält nicht. Es war dem Temperament Manets nachgefühlt und geriet ins Theater. Wenn Manet sich solcher Mittel bediente, bereicherte er den Kontrast gegen das Schwarz oder begnügte sich mit der schnell hingeworfenen Skizze, so in seiner »Angelina«, die jetzt neben dem Renoir hängt, gefährlichere Konkurrenz als der Carolus Duran. Wie leicht versteht man vor dem Nebeneinander solcher Werke den Abgrund zwischen ihren Urhebern; alles das, was Renoir an Manet mit einem Hilfswort spanisch, und was der weniger duldsame Manet an Renoir talentlos nannte. Im Grunde nur, weil der eine durch sein kurzes Leben raste, während der andere sich Zeit nahm. Der Betrachter kann nicht anders verfahren. Der Renoir braucht Muße. So verhalten, wie sich in der Farbe des Kleides die Töne regen, so regt sich unter der Seide der Körper, und so regt sich das ganze Bild, verhaltenes Zeugnis einer Beteiligung, die dem Maler kaum bewußt war und deren er sich nicht erwehren konnte, trotzdem er den Auftrag nur des Honorars wegen angenommen hatte. Erst während der Arbeit kam er zu dem Bilde und fühlte sich gelockt, die Farben des Zimmers zu vereinfachen und mit der so gewonnenen Harmonie die Gestalt mit ihrer Umgebung aufzubauen. Dieser lila Sessel mit den gelben Troddeln, der Teppich, die blaugemusterte Tapete waren im Zimmer vermutlich wenig erfreulich, aber zuweilen band das Licht das Ungereimte zusammen, und solchen Augenblicken konnte man nicht widerstehen. Er ließ sich nicht das Stilleben auf dem Flügel mit den Notenheften entgehen, noch das Gold des Rahmens an der Wand, noch die gelben Reflexe auf dem Fächer, aber alles das blieb verhaltene Begleitung der Gestalt. Vielleicht war die Zurückhaltung nicht einmal ganz freiwillig. Er wagte nicht die volle Palette. Das Zögern vergrößert die versteckte Anmut der Darstellung, die alles tut, um nicht über die Kategorie des Bildnisses hinauszugehen. Schon deshalb kann die schwarze Dame nicht als Auftakt zu dem Hauptwerk des Jahres gelten. Auch die »Loge« war vielleicht bildnishaft gemeint, aber niemand würde daran denken. Es ist die Loge, das Theater im Theater, von dem Blick eines Menschen, der den Dingen auf den Grund geht, erfaßt. Man fühlt sofort, Madame ist zum Sehen und zumal zum Angesehenwerden da, und der Mann mit seinem Operngucker sitzt im Hintergrund, wie es sich gehört. Damit füllt sich das Bild mit allem möglichen kulturgeschichtlichen und psychologischen Theater; Grand Monde, Intrigen, Roman. Dabei ist es gar keine Marquise, sondern die kleine Nini, und wer sich auskennt, merkt es und erlebt ein drittes Theater. Diese Nini hat Renoir oft ohne Samt und Seide gemalt. Sie hatte blendende Haut und gute Schenkel. Zu dem Marquis im Hintergrund hat der Bruder Edmond gesessen.

Das Bild verdankt seinen Ruf der Opulenz. Die »Lise« und die Bilder derselben Gegend hatten den Reiz der Jugend, aber auch der weitherzigste Kunstfreund der Zeit hätte sie nicht weiter beachtet. Das Talent besaß damals keine Bedeutung. Erst wenn es sich mit den Ansprüchen der Öffentlichkeit auseinandersetzte, nahm man es ernst, stimmte ihm zu oder bekämpfte es. Unser spekulatives Kunstinteresse war noch nicht vorhanden, infolgedessen gar kein Kredit. Jene naiven Anfängerbilder hatten, wir spüren es heute noch, privaten Charakter, und ihren weiteren Wert konnte erst eine spätere Generation, der an retrospektiver Würdigung lag, feststellen. Es ist durchaus nicht sicher, ob die Intoleranz der alten Zeit als Zeichen mangelhafter Kultur gelten kann. Schwerer begreifen wir die lange Spanne, deren die Würdigung der »Loge« bedurfte. Renoir verließ die private Sphäre. Die Loge hat nichts mehr von der begrenzten Koterie der Courbet-Schule. Alle Traditionen, die dem Geschmeide der Farbe dienen, die Venezianer, Velasquez, das Dixhuitième, scheinen beteiligt. Wir befinden uns in der Grand Monde der Kunst. Eine ungemein glückliche Komposition. Die beiden Halbfiguren sind auf geringsten Raum zusammengerückt, ohne von der Enge gehemmt zu werden. Die schöne Frau dehnt sich in breiter Fülle gelassen aus, und der Herr, für den nur das winzige Dreieck bleibt, bewegt sich ungehindert in der Tiefe. Auf der Aktion des Raums beruht eine wesentliche Wirkung. Sie wird von der diesmal vollkommen realisierten schrägen Anordnung getragen. Dem Dreieck mit der Logenbrüstung, auf der die Hand der Dame liegt, entspricht in der entgegengesetzten Ecke das Dreieck mit Arm und Hand des Herrn. Zwischen den beiden Dreiecken läuft ein radiales System von Linien und Flächen, die zu den Längsseiten der Dreiecke alle möglichen Winkel, vom spitzesten bis zum rechten bilden und die Vertikale in der Mitte der Hauptgestalt ahnen lassen. Das Zentrum der Radien liegt im Gesicht der Dame. Wie im »Ménage Sisley« wurden die Streifen des Kostüms benutzt. Die schwarzen Schlangenlinien auf dem

Grau und Blau bilden das Netz für die Farbe. Ihr Rhythmus zieht das tonreiche Plastron und das Schwarz des Fracks mit in das Spiel. In den Helligkeiten des Plastrons und des Mieders kommt Renoirs vaporöse Tonkunst zur Geltung, dieses Weiß aus flimmernder Atmosphäre. Es gab den Frauen Renoirs jener Zeit die gefundene Hülle. Das Ballettkleid der »Tänzerin« hat die Materie entzückter Erinnerung. Die bläuliche Gaze läuft fast mit dem Hintergrund zusammen. Die Augen, das Braun des Haars, das bißchen Rosa der Schuhe sind im Grunde die einzigen Farben. Das Weiß wäre auch allein genug. In der »Loge« beschränkt sich die Palette außer den Tönen zwischen Weiß und Schwarz auf verschossenes Blau, blasses Rosa und ein wenig bräunliches Gelb. Die bewunderte Opulenz kommt mit auffallend geringen Mitteln zustande und nähert sich dem Schwarz-weiß-Kontrast. Der rosa Fleischton scheint Kolorierung einer modellierten Form. In groben Strichen liegen die gelblich-braunen Ponys auf der Stirn. Die Üppigkeit besteht nur in der Entfernung. Womöglich hat uns Renoir auch mit der Grand Monde der Kunst hinters Licht geführt.

Das Bild hängt seit einigen Jahren in einer – der besten – Impressionisten-Sammlung Londons. Gerade wenn man aus englischen Museen kommt, will man Renoir auf die Finger sehen, zumal die ältere französische Kritik ihn gern mit England in Verbindung brachte. Renoirs englische Beziehungen gehen über eine dritte Stelle, das Museum, in dem die alten Engländer nicht weniger gut Bescheid wußten als er. Im übrigen läßt sich kaum ein stärkerer Gegensatz gegen die berühmte Porträt-Manufaktur denken, gegen ihre Ziele, ihre Kaste, ihren Geist. Es gibt drüben sehr viel Theater, aber keins von der Art der »Loge«. Der Reynolds-Schule fehlen die Ninis. Natürlich ist das Pedigree mancher Lady mit der edelmütigen und liebreizenden Gebärde einer ewig jungen Herzogin nicht immer gesichert, aber dem Betrachter bleibt der Anlaß erspart, darüber nachzudenken. Selbst wenn ein Maler seine Geliebte in den Modellsessel setzte, malte er sie so, wie es ihm von reichen Leuten bezahlt wurde, und redete sie mit Hoheit an. Für diesen Nimbus wird die ganze ruhmreiche Vergangenheit aufgeboten. Da es in England so viel Ladies gab wie in Frankreich Ninis, sahen sich Reynolds und Genossen genötigt, alle erreichbaren alten Meister in wirksame Rezepte zu verwandeln. Die Mittel der »Loge« sind neben diesem Aufwand proletarisch. Nur die Verwendung macht etwas daraus, spannt sie in das Netz zwischen den beiden Dreiecken, führt mit ihnen die Handlung durch. Außerhalb der Handlung bleiben die Mittel Pigment aus der Tube. Nur mit einem Trugschluß finden wir die Farben schön, während wir in Wirklichkeit die Spannung zwischen den beiden Deiecken, den vollendet organisierten Ausdruck, bewundern, und auf das Altmeisterliche dieser Malerei können wir uns nur berufen, weil es Rembrandt und Rubens mit ganz anderen Mitteln nicht anders gemacht haben. Gainsborough und Reynolds verlängern den Weg von der Tube zum Ausdruck, indem sie an Stelle der eignen Handlung Tizian und Rembrandt handeln lassen, so wie sie es sich dachten, als wären diese Meister nur auf die Welt gekommen, um für die Aufmachung der hunderttausend Herzoginnen vorzusorgen. Diese Klischee-Wirtschaft hatte mißliche Folgen. Wenn Renoir sich mit seinem »Harem« einer zu billigen Bewunderung überließ, strafte ihn sofort sein Ungeschick, und die Stümperei wurde nur ihm selbst gefährlich. Die Geschicklichkeit bewahrte Reynolds und seine Schule vor ähnlichen Katastrophen, und dafür zerrüttete man die Vorstellung, die eigne und die der Betrachter. Man gewann den Ruhm nicht nur auf Kosten der alten Meister, die schließlich innerhalb der Bilderrahmen intakt blieben, auch auf Kosten Englands. Das Wirken Sir Joshuas hat zur Repräsentation der fragwürdigsten Eigenschaften seines Volkes geführt. Die englische Loyalität kam zu kurz. Auch Reynolds hätte das Wort »Rester dans le rang« prägen können, aber dachte sich unter »rang« etwas anderes. Die Verschiedenheit der Denkungsarten hebt den Gegensatz zwischen der englischen Schule und Renoir über die Technik hinaus und verleiht ihm allgemeine Bedeutung.

Denselben Gegensatz ergibt der durchsichtigere Vergleich mit gleichzeitigen englischen Werken. Lassen wir Whistler als Engländer gelten. Er machte es wie Reynolds, ersetzte aber die alten Meister durch weniger leicht nachweisbare Klischees. Es ist heute nicht aktuell, diesen fadenscheinig gewordenen Ruhm zu analysieren, und man bedarf dessen gewiß nicht für Renoirs Piedestal, doch es gibt drüben keinen bedeutenderen Repräsentanten. Sie kannten sich flüchtig. Whistler, der auf der anderen Seite der Seine wohnte, nannte Renoir mit unnachahmlichem Ton den Madonnenmaler von Sacré Cœur, und Renoir ging es wie Cézanne mit Manet: der Mann war ihm zu fein. Miß Alexander, auch eine kleine Herzogin, wurde von Whistler mit großer Eleganz gekleidet. Die verliebte Mutter, die sich das Kostüm zum Muster nimmt, fährt nicht schlecht. Jeder Backfisch, so oder so ähnlich angezogen, sieht reizend aus. Dagegen versagt das Bild die Vorstellung, wie dieses Damenkind eigentlich unter dem Batist beschaffen war. Man kommt nicht weit über den Schnitt des Kleides hinaus. Nun mal ein Kind Renoirs aus der Zeit der »Loge«, z. B. die kleine Durand-Ruel. Auch sie, sehr niedlich angezogen, blauweißes Kleidchen, dazu die Coiffure. Wahrscheinlich würden die Eltern der Miß Alexander über das Kostüm der kleinen Französin die Nase rümpfen und womöglich mit Recht. So sonntäglich putzt man kein vornehmes Kind. Die bürgerliche Herkunft ist unverkennbar und mit ihr alles, was zu der Kleinen gehört, ihre Artigkeit, die sich malen läßt und still hält. Man hat ihr gesagt, so die Hände zu legen, und der ganze schmächtige Körper hält sich an den Händen. Man spürt ihn. Die Beine sind noch nicht ganz in die richtige Stellung gekommen. Tut nichts, hat der Maler gesagt. Den lockt das Kleid vor der verschossenen Tapete. Nie würde ein Schneider das Stoffmuster erkennen, dieses in Weiß schimmernde Blau, das in der Schärpe ein bißchen schärfer hervortritt, in dem Bändchen um den Hals, in der Haarschleife wiederkommt und das ganze Persönchen einhüllt bis auf den rotgeblümten Hintergrund, wo es sich zu matten Tönen verflüchtigt. Wo wären solche Stoffe zu haben? Diese gehauchte Seide, neben der das feinste Gewebe grob und roh erscheint. Das hat die Sonne gewebt. Nie wird man bei irgendeiner Einzelheit an Wirkliches denken, immer wie etwas Unabweisbares das Ganze als Wirklichkeit sehen, das Kind in dem kindhaften Bilde. Zwischen dem Whistler und dem Renoir liegt der Unterschied zwischen Sein und Schein, und zwar hat sich Whistler an das ihm naheliegende Sein, die Distinktion der Miß Alexander, gehalten. Diese Realität ist um so weniger zu bezweifeln, als Whistler ihr seine Vision zum Opfer brachte. Er unterlag demselben Mangel an eigener Distinktion, der die Engländer des 18. Jahrhunderts begrenzte.

Nicht anders steht Renoir zu Turner, mit dem ihn Huysmans und andere zusammenbrachten. Die vermeintliche Ähnlichkeit beschränkt sich auf das Vorkommen gewisser Farben Turners auf der Palette Renoirs.

Renoir hat England schon früh kennengelernt. Begeisterte Schilderungen der Monet und Pissarro, die während des Krieges 1870/71 drüben waren, lockten ihn. Er kehrte enttäuscht zurück. Sprach man ihm von der englischen Schule, behauptete er, dergleichen gebe es nicht. Turner färbe seine Bilder wie die Zuckerbäcker ihre Bonbons und ahne nichts vom Bau des Bildes. Im übrigen ein noch schlechterer Nachahmer als die früheren.

In London hängt noch eine »Loge«, die sogenannte »Première Sortie«, ein paar Jahre später entstanden. Ein junges Mädchen im Kapotthut sitzt im Profil in einer Loge, deren geschwungene Seitenwand den Blick auf den Zuschauerraum offen läßt. Da wimmelt es von Menschen. Der Pinsel gestaltet mit der gleichen Geschwindschrift Vordergrund und Hintergrund, Massen und Details. Zwischen den beiden Logen scheint eine ganze Entwicklung zu liegen. Jetzt schweigen Roman und Kulturgeschichte, und wir denken nicht an Grand Monde. Alles sprüht von Farbe.

Mit solchen Bildern wird vielleicht einmal in hundert Jahren das Prestige der Reynolds-Schule gebrochen, das bisher aller vernünftigen Erkenntnis siegreich widerstanden hat.

Selbstbildnis, circa 1875.

Bei Henry Bernstein hängt ein Selbstbildnis der siebziger Jahre, eins der sehr wenigen und das einzige von dokumentarischem Wert. Wir haben nicht die autobiographische Reihe, die uns den Werdegang anderer Meister erläutert. War es der Wunsch, anonym zu bleiben, was ihn veranlaßte, sich hinter seinen Mädchen und Blumen zu verbergen? Das läge sehr nahe. Oder seine aller verlautbaren Psychologie geflissentlich ausweichende Art? Oder ganz einfach seine Abneigung, sich Männer vorzunehmen, da ihre Haut das Licht nicht annahm?

Der schmale Kopf mit der hohen Stirn und den tiefliegenden Augen verrät sofort den geistigen Menschen. Nichts von der Rasse eines Rubens, nichts von Boucher und Fragonard, eher noch von dem gebrechlichen Watteau. Animalische Freuden verbietet die zarte Gesundheit. Unbedingt ein Intellektueller, Wagnissen geneigt, vielleicht ein Genosse Mallarmés. Man erinnert sich vor dem Bilde, daß auch Delacroix' Antlitz nichts von der Welt, die ihn bewegte, verriet.

Das Bildnis ergänzt die Charakteristik, die wir der Feder des Bruders verdanken. Edmond betont den Denker und Träumer und seine wenig mitteilsame Art. Nach den Photographien aus den Vorjahren zu schließen, haben sich die Züge auffallend schnell verschärft. Dazu hat neben den Kämpfen des Suchers wohl auch die äußere Not einiges beigetragen. Die Käufer waren immer noch sehr dünn gesät. Choquet, der treue Prophet Cézannes, Renoirs begeisterter Helfer, der schon 1874 auf der ersten Impressionisten-Ausstellung mit Wort und Tat energisch für ihn eintrat und sich und seine Frau wiederholt von ihm malen ließ, verfügte nur über bescheidene Mittel. So ging's den meisten neuen Liebhabern. Es waren Enthusiasten. Durand-Ruel, der schon Anfang der siebziger Jahre die Werke der neuen Generation zu verbreiten suchte, brachte sein Haus sehr nahe an den Bankrott. Die gewohnte Taxe im Hotel Drouot blieb bis 1880 sehr niedrig, und Renoir hat sich bis dahin ziemlich kümmerlich durchschlagen müssen. Ein wenig mag ihm seine Mutter geholfen haben, die damals in Louveciennes wohnte und bescheidene Einkünfte besaß. Wenigstens konnte er sich bei ihr satt essen. Zuweilen, so erzählte er einmal, steckte er sich bei Tisch die Taschen voll Brot, um es Monet zu bringen.

Die nächste Entwicklung gilt der Farbe. Renoir setzt die Reinigung der Palette fort und sucht die Forderungen Monets mit den eignen Bedürfnissen in Einklang zu bringen. Nur wenn der eigne Bedarf voransteht, gelingen die Bilder. Der Unterschied zwischen der »Loge« und dem »Moulin de la Galette« des Luxembourg beschränkt sich nicht auf die Palette. Die Farbe ist weit von der absoluten Reinheit. Noch schwankt die Basis zwischen dem ominösen Schwarz, das Monet verbannte, und dem neuen Blau, und der Maler mischt unbekümmert. Das Bild wird gelockert und das Tempo des Rhythmus beschleunigt. Diese Änderung bedingt Verzicht auf Reminiszenzen des Altmeisterlichen, die uns zu der Auseinandersetzung mit den Engländern führten. Alles das liegt fern. Das Tanzbild weist auf eine wie Neuheit wirkende Natur. Der dargestellte Mensch wird Objekt einer pantheistischen Anschauung. Das will nicht heißen: zu einer lediglich beleuchteten Materie. Renoir bleibt bei den Menschen, läßt ihnen Gesicht und individuelle Regung, aber bindet sie mit der Atmosphäre zu einem größeren Bukett zusammen. Wie in der »Lise«, in dem »Ménage Sisley« und vielen anderen Bildern der frühen Zeit sehen wir Menschen im Freien, aber es scheint fast, als sei das Freie vorher ein

Moulin de la Galette, 1876.

übernommener Begriff gewesen, für einen dekorativen Hintergrund geeignet, während es jetzt zu einem mitwirkenden Kosmos aus Luft und Licht wird. Der Pinsel trifft die Leinwand wie die Sonne die unter den Bäumen tanzende Menge. Dieser Vertiefung des Natürlichen dient die Reinigung der Palette. Die Farbenverteilung bindet die Vielheit der Erscheinungen, aber was vorher fest zusammengefügt war, wird geteilt. Der Farbenfleck wird Träger der Wirkung. Das geht zunächst nicht ohne Opfer. Es wogt von Farben in diesem fröhlichen Tanz, an dem die Sonne teilnimmt, aber man wird, wenn man der Geschlossenheit früherer Werke gedenkt, eine gewisse Unruhe nicht los, und nicht jeder Betrachter findet gleich in der Einsicht, daß neue Zwecke neue Formen bedingen, vollen Ersatz. Man muß sich hineinsehen und bedarf eines kleinen Rucks wie beim Eintritt in so eine tanzende Gesellschaft. Ich weiß keinen, dem man die Teilnahme lieber gewährte, der uns soviel Möglichkeiten des Anschlusses brächte. Fast scheint Frohheit allein zu genügen, um solche Bilder zu begreifen.

Die sehr weit getriebene Skizze des »Moulin de la Galette«, die der Prince Wagram besaß, bringt das Tanzen der Flecken vielleicht noch reiner heraus, ohne den Tanz der Menschen zu versäumen. Diese Skizze hat Renoir aus dem Kopf gemalt. Für das große Bild stellte er sich in seinem Garten der Rue Cortot, wo er seit kurzem wohnte, einige Modelle und bat Bekannte dazu.

Der Zusammenhang mit früheren Bildern liegt auf der Hand. Derselbe Rhythmus belebte schon die dunkle fleckenhafte Menge im »Eislauf«. Der Impressionismus, der dazugekommen ist, begnügt sich, die Flecken in leuchtende Farbe zu tragen. Sie büßen dabei nicht nur nichts von ihrer ursprünglichen Beweglichkeit ein, sondern tummeln sich noch behender.

Dabei verdeutlicht sich der Fleck und gewinnt mimischen Ausdruck. Die Farbe hilft der Erzählung. Unglaublich, was alles unter den Bäumen vorgeht, was da gelacht, geplaudert, geschäkert wird, wie viele Typen und Gesichter – darunter viele Porträts – der Walzer durcheinanderwirbelt.

In den kurz vorher entstandenen »Grands Boulevards«, im Format halb so groß, im Motiv zehnmal größer, tut Paris mit. Die winzigen Flecken gestikulieren. Jeder behält seine Art, umschlungen von der strömenden Straße. Man braucht das Boulevard-Bild nur neben eins der vielen ähnlichen Motive Pissarros zu halten, um die Reserven des Lyrikers im Impressionismus zu erkennen. Auch die späteren und derberen Pariser Bilder, z. B. die beiden Ansichten der Trinité, die der Richtung Pissarros näherkommen, behalten den Vorsprung.

Nicht immer fiel er auf solche Motive, die ihm den Widerstand gegen die analytische Tendenz Monets erleichterten. Auch er hat damals zuweilen den hygienischen Wert der neuen Methode überschätzt und einen konsequenten Impressionismus versucht, immer in Bildern mit monethaften Motiven. Das Museum tritt in den Hintergrund, und er gibt sich an das Studium des Lichts. Die fast chromatische Reinheit wurde schon 1876 in mehreren Bildern erreicht, z. B. in der »Schaukel« des Luxembourg. Die Sonnenflecke und die Schatten quadrieren den rosa Weg mit violetten Tönen. Eine reichliche Menge von Flecken. Das Bild wurde der Lichtphänomene wegen gemalt. Genügt der Anlaß? Die akademische Kritik, die sich über die farbigen Schatten empörte, verneinte energisch. Sie hatte unrecht, weil sie die zugleich mit der »Schaukel« ausgestellten Bilder, darunter den »Place St. Georges«, das Brustbild der Mlle. Samary und vor allem »Moulin de la Galette«, in einen Topf warf und die Aufrichtigkeit des Suchers beanstandete. Daß man die Flecken auf der Schaukel nicht ernst nahm, kann man auch heute noch begreifen, denn tatsächlich wurde ja der physiologische Zweck, ganz abgesehen davon, ob er legitim war oder nicht, gar nicht erreicht. Die Flecken regen sich nicht, teilen nur, bauen das Bildhafte nicht auf, bleiben Farbe. Nachher akzeptiert er auch die gespitzten Pinselstriche und quält sich einen Habitus an, der ihn verkleinert. Monet, stark wie alle Einseitigen, ermutigt ihn, das Experiment fortzusetzen. Es gebe keinen anderen Weg. Und Renoir fühlt sich verpflichtet, seine Eigenart zu verleugnen, um nicht untreu zu werden. Er macht langsame Fortschritte auf der engen Bahn, und Monet, immer grundehrlich, freut sich. Die reifer durchgeführte Organisation der Bilder besaß nicht den Reiz der Grenouillère. Es gibt aus der Zeit der Jugend-Gedichte Bilder mit durchaus unzureichend geordneter Farbigkeit, ja mit auffallenden koloristischen Schnitzern, und wir gehen trotzdem mit. In den »Canotiers à Chatou« von 1872 sticht das unvermittelte Rot vorlaut in die Szene. Schon von weitem ruft es Hallo wie eine plötzlich entrollte Fahne. Für den Maler, der mit der Farbenküche Bescheid weiß, ein abzulehnender Unfug; für uns ein Zeichen froher Unbändigkeit, die Fahne der Canotiers, Symbol des Sonntags.

Das Festliche entweicht sehr oft den Landschaften von 1880. Die Eisenbahnbrücke von Chatou, die blühenden Kastanien der Nationalgalerie, viele andere Bilder ähnlicher Art dienen dem System, nicht der Lyrik. Selten versagt sich der Lyriker ganz das Lächeln, aber es kommt gezwungen heraus, gehemmt von dem doktrinären Drill. Man konnte damals auf die Vermutung geraten, Renoir vermöge sich nicht an gegenstandsloser Natur zu erwärmen, und eine einfache Landschaft sei ihm zu wenig. Das trifft durchaus nicht zu. Wenn auch in den vorhergehenden Jahren menschenlose Landschaften nicht häufig vorkommen, gibt es ihrer genug, und gerade in solchen Bildern wird die Macht seiner Vision unwiderstehlich. Man braucht nur an das Wargemont der Sammlung Halvorsen zu denken. Viel zahlreicher sind restlos gelungene Landschaften ohne Staffage nach der impressionistischen Periode, zumal in der Spätzeit. Nicht die Landschaft war Renoir im Wege, sondern das ad hoc eingestellte Wesen des Landschafters, ein Spezialistentum von fortschrittlicher Gesinnung, dem zuzustimmen er sich gedrungen fühlte und das ihm die freie Ausübung seiner Gaben versagte. Auch viele figürliche Plein-air-Bilder aus der Zeit des »Moulin de la Galette« sind ihm nur Lichtstudien gewesen, aber haben uns begnadete Idyllen wie die »Tonnelle« oder »Sur l'herbe«, um zwei von Hunderten zu nennen, geschenkt. Nicht die Gegenwart des weiblichen Elements ließ die Bilder gelingen, sondern die Abwesenheit Monets. Es ging alles gut, sobald er die Doktrin vergaß. Der Einfluß Monets war eine Medizin, die er schlucken mußte. Da er ihn überstand, wird die Kur nützlich gewesen sein, aber sie hat Kräfte gekostet.

In der umfangreichen »Source«, im Freien begonnen, im Atelier fertig gemalt, erreichten die Lichtstudien einen gewissen Popularitätswert. Man hat einmal solche Bilder sehr hoch geschätzt.

Nur zögernd übertrug er die Erfahrungen der Freilicht-Malerei auf das Intérieur. »L'Atelier«, das kleine Gruppenbild mit einigen Freunden, die im Atelier der Rue St. Georges zusammensitzen, dokumentiert wieder die Unabhängigkeit des Bildnismalers vom weiblichen Modell und einen erstaunlichen Fortschritt seiner darstellenden Psychologie. Dies wurde von der modernen Farbendoktrin nicht gehindert. Man erkennt kaum noch die Anschauung des Naiven, der zehn Jahre früher mit der

Das Atelier, 1876.

Tafelrunde im »Cabaret de la Mère Anthony« begann. Die Männer der neuen Gruppe gehören zu derselben Kategorie, wieder Künstler. Die des ersten Bildes scheinen aus dem Walde zu kommen und die Kunst mit ihren Händen zu bereiten, einfache Arbeitsleute. Nachher sitzt man zusammen und ruht sich aus, und der Geist Murgers würzt den Feierabend. Nichts wissen diese Harmlosen von den Lasten der zweiten Gruppe. Eine andere Atmosphäre, ein anderer Erdteil: die Stadt mit ihrer verworrenen Drohung. Sie kämpfen mit dem Kopf und haben jeden Schritt zu überlegen; ein Kriegsrat in verrammelter Festung. Andere Gesichter. Man ist plötzlich alt geworden. Es gibt solche Perioden zwischen dreißig und vierzig.

Frauenbilder Renoirs verschweigen diese Entwicklung der Analyse, der sich das Männerbildnis nicht entziehen kann. Der neue Gegenstand half Renoir, mit der neuen Malmethode fertig zu werden. Die Freunde lobten das Opus. Monet war begeistert. Aber solche Versuche ließen sich nur mit Kameraden anstellen. Der Bürger, der sein Porträt bezahlte, gab sich nicht für die Sonnenflecke her, und Renoir war auf Kompromisse angewiesen.

In der »Familie Charpentier« von 1878 mischt er die neue Palette mit der alten. Frau Charpentier, die Gattin des Verlegers, führte großes Haus. Dichter, Künstler trafen sich dort mit den Politikern und Hommes du Monde. Der Auftrag bedeutete für Renoir eine Gelegenheit, sich zu lancieren. Er gab sich alle Mühe, die Ansprüche der mondänen Frau, die auf Marie Antoinette posierte, mit seiner Kunst zu erfüllen, und malte ein Salonbild. Für die Komposition griff er auf die schräge Schlachtordnung des alten »Harem« zurück, nur geht die aufsteigende Diagonale nicht von einer Ecke zur anderen, ein Vorteil. Leider liegt die Höhe der Dreiecks genau in der Mitte

Die Familie Charpentier, 1878.

des Bildes. Die Komposition gewänne, wenn das Bild rechts enger abgeschnitten wäre, aber Madame wollte die Schleppe nicht missen. Um den Raum zu füllen, kam das Stilleben mit Stuhl und Tischchen dazu. Der Annex wirkt künstlich. Darüber könnte die Farbe hinweghelfen, aber sie reproduziert nur zu ehrlich den japanischen Stil des Milieus und verletzt mit Buntheit. Das Himmelblau in den Kleidern der Kinder, das allzu farbige Sofa vor dem noch farbigeren Hintergrund mit den roten Streifen, das Gelb und das Lila des Teppichs, zumal das fatale Gelb; dazu das viele Schwarz in dem Bernhardiner und der Robe, das beruhigen sollte und das Durcheinander vergrößert. Der Mangel an koloristischer Disposition bringt trotz gelungener Details das Bild auf ein bedenkliches Niveau; wenigstens in dem heutigen Zustand. Burty sprach von dem Samt eines großen Pastells. Davon ist heute nichts mehr zu sehen. Das Bild war einmal anders. Noch vor dreißig Jahren näherte es sich einer prunkvollen Stickerei. Ich erschrak, als ich es vor kurzem im Metropolitan-Museum in New York wiedersah. Es glich einer jener Damen à la Madame Charpentier, die nicht alt zu werden verstehen. Nicht nur der Asphalt platzt, namentlich in dem einst wirksamen Schwarz des Hundes, weniger in dem Kleid, das heute nur noch den Virtuosen verrät; auch die lebhaften Farben haben sich ganz willkürlich verändert und den Ton verloren. Die Zeit trägt neue Dissonanzen in das Bild, gleich einem rohen Virtuosen, der ein Stück mit falschen Intervallen spielt. Nur der Annex mit dem Stilleben hat sich einigermaßen gehalten. Es liegt eine harte Revanche in dem Schicksal des Bildes. Die Muse rächte sich nachträglich für die Zumutung, ephemeren Zwecken einer Gesellschaft zu dienen, die einem Renoir nichts zu geben hatte. Der Luxembourg besitzt in dem Kopf der Mme. Charpentier ein viel wertvolleres Andenken an die Gönnerin.

Die »Familie Charpentier« erschien im Salon von 1879 zusammen mit dem lebensgroßen Bildnis der Mlle. Samary. Die Schauspielerin, zu seiner Welt gehörend, nötigte Renoir zu keinem Kompromiß, und er legte ihr seine Huldigung zu Füßen. An Stärke des Ausdrucks stehen vielleicht die Brustbilder der Samary noch höher. Mit dem Familienbild gewann Renoir den ersten öffentlichen Erfolg. Das Ansehen des Bestellers trug wesentlich dazu bei. Außer Burty traten Castagnary, Ernest Chesneau, Huysmans für den Maler ein. Von jetzt an begann er zu zählen.

Für die Nachwelt zählt in ganz anderem Maße das »Déjeuner« dieses Jahres, die Perle der Frankfurter Galerie. Renoir erreicht den Ausgleich mit dem Pleinairismus und gewinnt die freie Bewegung der »Loge«, an die zumal der Mann in dem Bilde erinnert, zurück. Das Erlebnis führt, und die Doktrin gibt nur das gereinigte Mittel her, eine Helligkeit, die über alle Küchenfragen des Metiers hinausgeht und die Opulenz der »Loge« ins Geistige erhöht. Die Steigerung verringert keineswegs die höchst konkrete Mitteilung des Erzählers. So war es, so hielt die eine Grisette das Gläschen mit der Chartreuse und wartete auf den zweiten Schluck, bis der erste zerging. Eben hat der Partner seinen Witz erzählt, wobei die Zigarette ausging. Nun steckt er sie wieder an, das Auge zugekniffen, im Gesicht noch den Rest des Lachens. Sie reden nicht, haben für den Augenblick genug, beste Gelegenheit für den Maler, sie auf die Leinwand zu bringen. Keiner der drei Dargestellten merkt etwas, und wenn die Mädchen nur so tun, fügt ihr Spiel noch ein Stück Erzählung hinzu. Ein Genrebild und dazu ein Stilleben, dazu ein Gruppenbild und zuletzt und vor allem ein Selbstbildnis, denn der Geist Renoirs war mit zu Tisch.

Das gleichzeitige Bild der Sammlung Sulzbach in Paris, die Tischecke mit dem blonden Mädchen in blauem Kleid und gelbem Strohhut, ergänzt die Szene. Jenseits gleitet der Blick auf die Windungen des Stroms. Wir sind wieder im Gebiet der Grenouillère und sehen deutlicher die Menschen, die am Steg standen auf dem Wege zu dem Père Fournaise. Die Nähe raubt den Menschen nichts. Aus dem flüchtig hingeworfenen Gedicht ist reichere Sprache geworden, Ausdruck geklärter Vorstellung, beschwingte Prosa, nicht weniger dichterisch als die frühere Form. Wir werden den Menschen der Grenouillère bald noch näher rücken.

Dieses Jahr, 1879, war eins der reichsten. Es schloß mit der Reise nach Algier, von der Renoir verschiedene Landschaften

Le Déjeuner, 1879.

La Femme au Chat, 1880.

und Figurenbilder, auch ein paar mit reitenden Arabern, mitbrachte. Noch vor der Reise ist in Berneval das große Gemälde mit den Muschelfischern entstanden, das 1880 im Salon erschien. Man könnte die Farben für einen vorweggenommenen Reflex des Orients halten. Die blauäugigen flachshaarigen Fischerkinder scheinen an einen Strand im fernen Süden verschlagen und wirken nicht ganz glaubhaft. Es mag an dem großen Format liegen, für das die Komposition nicht ausreicht, auch an der Dissonanz zwischen der üppigen Palette und der fast primitiven Struktur. Die Zeichnung hat die Züge des üblichen Naturalismus der Zeit und steht kurioserweise nicht allzu weit von Liebermann, der damals auch gern solche Motive in nichts weniger als südlichen Tönen zu malen pflegte.

Außer den »Muschelfischern« erschien im Salon das schlafende Mädchen im Hemd und im blauen Rock auf rotem Sessel, »La Femme au Chat«. Auf seinem Schoß liegt eine schlafende graue Katze, eingewiegt von dem strahlenden Blau, eingeschlossen in den Schlaf des Mädchens. Auch hier ist der Naturalismus nicht fern. Diese sachliche Beobachtung ist Schule Courbets. Keiner hat wie er den animalischen Zustand der Frau im Schlaf getroffen, das Schlafen, das ein Essen, manchmal ein Fressen ist. Sein Pinsel vollbrachte, namentlich wenn er bei der Skizze blieb, Mirakel physiologischer Erfassung. Die Sammlung Franz Boner in Berlin besitzt ein kleines Dokument dieser großartigen Meisterschaft. Davon ist in dem Renoir kaum eine Nuance, gerade gut genug, um die Realität zu sichern, und dieses Wenige kommt mit einer einfachen Umrißzeichnung zustande. Die Wucht der zerteilenden und struktiven Pinselstriche Courbets scheidet völlig aus. Das Bild bei Boner könnte als moderner gelten, da unserer Zeit die

Physiologie nähersteht und uns die Helligkeit keine Neuheit mehr bedeutet.

Die Farbe des Renoir, wie in den Bildern Delacroix' in kleinen Pinselstrichen aufgetragen, gibt das Leuchten der Haut, das Courbet nicht interessierte, aber läßt den Körper, den Courbets Striche teilten, geschlossen. Die Farbe umhüllt. Es ist vergleichsweise die Methode eines Klassikers, dem an plastischer Rundheit liegt. Damit wird der neue Weg Renoirs angedeutet, der ihn dem Impressionismus entführen sollte. Was würde Delacroix, der Courbets schlummernde Spielerin schätzte, zu dieser ebenso natürlichen und der Allegorie zugänglicheren Darstellung schlafenden Lebens gesagt haben? Hätte sein Scharfsinn den Verwandten erkannt? Renoir aber hat damals am wenigsten an ihn gedacht. Noch immer stand das Idol verhüllt. Selbst in Algier, wo er eine »Phantasia« versuchte, kam es zu keiner ernsthaften Berührung. Am weitesten entfernt sich die »Femme au Chat« von dem Dixhuitième. Das erotische Spiel mit der schlafenden Frau versagt Renoir durchaus. Sobald dergleichen in Frage kommt, steht er sofort neben Courbet, und alle Differenzen schweigen. Das haben wir nicht mehr, wollen es nicht mehr haben. – Fast könnte man glauben, er habe dieser einst dem Handwerker selbstverständliche Beziehung für alle Zeit abgeschworen.

Solche Bilder hat Renoir zwischen 1875 und 1883 Hunderte gemalt, die meisten ohne die naturalistische Nuance und noch natürlicher. Immer Mädchen, sitzend, liegend, im Freien, im Hause, schlafend, wach, immer mit ihren Träumen beschäftigt. Es gibt verhältnismäßig wenig Nackte in dieser Zeit, kaum eine, die man im geläufigen Sinne als Akt ansprechen könnte. Vielleicht die magistrale Studie bei Stchoukine oder der nackte Oberkörper mit den Händen im Haar, bei Barnes, aber selbst diesen fügt Renoir einen Ausdruck hinzu, der sie aus anonymen Modellen zu Individuen werden läßt. Meist sind sie bürgerlich gekleidet, immer aus der Klasse der Nini. Schon damals war ihm die Frau der Gesellschaft, die ihren Körper mit Nichtstun und Kosmetik verdarb und sich nicht natürlich gab, verhaßt. Keiner wußte wie er den kleinen Putzmacherinnen aus den Ateliers der Rue de la Paix nachzusteigen, nota bene immer nur an den Pinsel denkend. Er malte sie, wie es ihnen paßte. Wenn die Kleine zufällig den Finger an den Mund legte, gab es eine »Ingénue« oder eine »Pensée«. Übrigens haßte er solche Titel. Wenn zwei zusammen saßen, gab es »Confidences«. Es ging immer sehr schnell, manchmal binnen einer Stunde. Manchmal genügte ein Blick, um die »Trotteuse«, die ihren Hut abliefern ging, zu erwischen, und dann kam wohl aus Versehen die ganze Umgebung mit, wie in dem köstlichen »Place Pigalle«, das die losesten Impressionen des jungen Bonnard voraussagt. Sehr viele Köpfe, weil sie sich nicht ausziehen wollten, und weil ihm das Gesicht genug war. In dem schräg gelagerten Mädchenkopf, der sich auf den Arm mit dem Goldreifen stützt, steckt das ganze Femininum. Man müßte dieses kleine Bild neben der Schläferin Courbets, von der vorhin die Rede war, sehen. Soweit er nur Maler sein konnte, war er es hier, und alle Fleischmaler, selbst Rubens, bleiben zurück.

Wer sich über die Masse dieser Frauenbilder wundert, mangelt des Sinns für Nuancen auf einem Feld, wo nach Bestimmung der Natur die Nuance alles bedeutet. Was sie einander ähnlich macht, die farbige Form des Malers, scheint Reflex einer Eigentümlichkeit alles Weiblichen, unverwischbarer Besitz des Geschlechts, der das robuste Kind des Landes der geborenen Großstädterin, die kleine Putzmacherin mit der großen Dame verbindet. Wir achten heute eher auf die Unterschiede, da wir von den Typen moderner Maler so wenig Gesichter erhalten. Der Renoir der siebziger Jahre gab eine ganze Galerie französischer Frauen. Ist es eine verblichene Ahnengalerie? Sind die Objekte vergangen? Renoirs Frau sieht naiver aus, als Spezialisten der Realität für zulässig halten. Dringen die Skeptiker tief genug? Es gehört kein besonderes Auge dazu, um auch heute noch in Paris trotz aller Amerikaner die Mädchen Renoirs zu Hunderten auf der Straße vorbeieilen zu sehen. Vielleicht etwas eiliger als früher, aber durchaus nicht auf anderen Straßen, keineswegs nur auf dem Lande. Es ist nicht eine Kategorie unter vielen, sondern die Französin, wenigstens der am weitesten verbreitete Typ. Wenn man ihn idealisiert nennt, müßte man erst genau feststellen, was damit gemeint ist. Das Ideal ist unausrottbare Realität. Die Züge haben sich als wesentlich haltbarer erwiesen als z. B. die der Kokotte Lautrecs, die einmal sehr echt war und heute schon zur Vergangenheit gehört. Es liegt natürlich, küchenmäßig gesprochen, am Stil, den Renoir selbst, wie sich bald zeigen wird, für keineswegs dauerhaft hielt; ein Stil, der nie seiner Freude an der Beschreibung des Objekts genugtat. Aus den schöpferischen Anlässen dieses sympathetischen Stils wuchs seine Abneigung gegen Flaubert, den er bei Charpentier traf. Objektive Feststellung auch in der sublimsten Form schien ihm zu wenig. Er genierte sich nicht, von der Kunst zu verlangen, sie müsse möglichst vielen Leuten Freude machen, und von der Literatur dachte er ebenso. Zola, dem er nachsagte, er habe das Volk nur durch eine Luke gesehen, haßte er geradezu.

Einer meiner Bekannten, der Verständnis für das Weibliche hatte und nebenher Bilder kaufte, ließ sich einmal bei einem Gespräch über Renoir zu dem Ausruf hinreißen: »Wie muß er die Frauen geliebt haben!« Der Mann kam alljährlich nach

Paris, um seine Kennerschaft auf beiden Gebieten zu erweitern. Ob ich nichts Näheres, und zwar Biographisches, über das Kapitel Renoir und die Frauen wisse. – Um nicht die Lücke in meinen Kenntnissen merken zu lassen, gab ich mir ein Gesicht und sagte: Parbleu!

Renoir malte die Frau, wie er es verstand, und natürlich als Mann. Da er sie schön fand, malte er sie verführerisch, und da ihm die Verführung unerschöpflich schien, malte er das Unerschöpfliche. Wir werden noch die keineswegs metaphysischen Mittel dieser bildhaften Unerschöpflichkeit kennenlernen. Im übrigen gab er nicht nur das, was die Frau dem Mann gibt oder verweigert, und nie ließ er sich zu Liebesgeschichten herbei. Keine Szenen à la Manets Nana. Er fand den auf eine größere Welt gerichteten Wunsch der Frau und des Mädchens, ihre farbige Verwunschenheit. Sie schien ihm wesentlicher als der physiologische Unterschied zwischen Mädchen und Frau, auch wesentlicher als die längst gegebene Möglichkeit, den begrifflichen Unterschied zwischen ihrer Welt und der unseren sachlich zu fixieren. Er malte die Welt als Teil der Frau, war durchaus parteiisch und stand auf ihrer Seite. Erscheint die Frau in Begleitung des Mannes, gibt sie den Ton an. Daraus folgt keine Rechtfertigung amerikanischer Verhältnisse, die Renoir unbekannt waren und ihn nicht interessierten, sondern eine Bestätigung der Rolle der Frau in der französischen Kultur, mit der er einverstanden war. Er zeigt die Frau meistens allein oder mit der Freundin und malt die harmlosen Beziehungen zwischen Mädchen und Mädchen. Psycho-Analyse lag ihm fern. Wer sich über die Masse wundert, weiß nicht, um was es sich handelt. Lassen wir die Nuancen. Möglich, ich bilde sie mir ein, und eine ist wie die andere. Es dürfen der Rosen, um das alte Gemäuer zu beranken, nicht weniger sein. Wir brauchen die

Masse, wir von der anderen Fakultät, wir mit dem großen Gehirn und dem Patentamt, wir ausgekochten Herren der Schöpfung. Jeder hungernde Spekulant in der verrammelten Festung braucht mindestens eine, um sich auf ihrem Rücken ins Freie tragen zu lassen, da wo Milch und Honig fließt und die Sonne lacht. Es strömt von Lust aus den hundert und aber hundert Mädchenaugen, Mädchenlippen, Mädchenbrüsten; eine unbedenkliche, ungekrümmte Lust, ohne Drama. Sie entwurzelt nicht, läßt sich nicht entwurzeln. Nehmt ihre Kinder als Zeugen. Keiner hat je solche Kinder gemacht, obwohl wir Auswahl haben. Die Figürchen an den Standbildern der frühesten Ägypter, die Kinder in den allegorischen Reliefs der Griechen und Römer, die Putten der Italiener: immer sind es kleine Herren der Schöpfung. Selbst das feminine Dixhuitième hält auf männliche Amouretten. Man will keine weibliche Progenitur. Renoirs Kindern ist das Geschlecht so wenig anzusehen wie jungen Katzen, und mir liegt nicht an der Erhellung dieses Problems. Sie gehören viel enger als alle anderen zu der Frau, nicht nur zur Mutter, sondern zu dem Frauenhaften, das sich unserer begrifflichen Wirtschaft entzieht. Sie lächeln nicht wie kleine Akrobaten nach dem Kunststück nur mit dem Gesicht, sondern mit allen Gliedern, mit der ganzen Oberfläche. Das »lachende Fleisch« ist kein koloristischer Begriff. Man kommt der Frau Renoirs am nächsten, wenn man sie mitsamt den Rosen und den Lüsten zur Kindheit rechnet. – Dahin! dahin geht unser Weg! . . .

Wo bleibt, fragt man, der für dieses Kapitel zugesagte Impressionismus? Ich kann die Frage nur wiederholen, habe mich auch oft so gefragt. Vermutlich ging es in der Wirklichkeit nicht anders als in diesem Kapitel. Er wollte zu Monet und kam zu den Kindern. Nur riß er sich in Wirklichkeit viel öfter, als meine Darstellung andeutet, von seiner natürlichen Anschauung los, um die Natur, wie sie das Programm der Richtung sah, Gegenstand einer mehr oder weniger wissenschaftlichen Analyse, zu erobern. Das kam immer in überaus fruchtbaren und glücklichen Zeiten über ihn. Dann quälte er sich mit dem Pensum, als habe er die Schule geschwänzt und müsse nachsitzen. Man könnte glauben, er habe solche Schulbilder nur Monet zuliebe gemalt. Er traute dem Freunde mehr als sich selbst und fand dessen Bilder den eigenen überlegen. Wenn Enthusiasten den schimmernden Farbendunst, mit dem seine Zärtlichkeit das Modell umgab, begeistert priesen, konnte er plötzlich rabiat werden. Diese Zärtlichkeit wachse ihm nächstens zum Halse heraus. Er wisse, was davon zu halten sei. Man benebelte sich und die Aussicht. – Obwohl er draußen nie seine besten Töne fand, floh er das Atelier und zwang sich, im Freien zu malen, nur um der Hingabe zu entgehen. Solche Wechsel der Stimmung wurden nach 1880 häufiger, obwohl gerade damals Hauptwerke, die über das ganze Œuvre gipfelhaft hinausragen, entstanden. Die Unzufriedenheit mit der Arbeit drinnen nahm zu, und draußen genügte ihm das Malen noch um vieles weniger. Er ist nicht so viel draußen gewesen wie Monet und Pissarro, lange genug, um einzusehen, daß von allen Fiktionen der Verlaß auf das Freilicht am wenigsten hielt.

Was trieb Renoir in der fruchtbaren Epoche, die für seine Glanzzeit gilt, zu dem Zweifel? War es der mit dem Erfolg unzufriedene Ehrgeiz? Nichts sieht ihm weniger ähnlich. Zahllose Episoden erweisen, wie fern ihm jedes Hervortreten lag. Daraus ist keine besondere Stärke des Gemüts abzuleiten, sondern sein Hang zur Bequemlichkeit. Geld und Geldeswert spielten, sobald er mit den Seinen halbwegs durchkam, keine Rolle. Die primitive Einfachheit des Haushalts behagte ihm. Sein sozialer Instinkt entfernte ihn von gehobenen Klassen. Er ging ihnen nicht etwa absichtlich aus dem Wege, um Gottes willen nicht! – Es machte sich von selbst so. Natürliche Neigung ließ ihn an der Sphäre, aus der er hervorgegangen war, festhalten. Es bekam seiner Konstitution, entsprach dem Beruf, der für Umständlichkeiten keine Zeit ließ. Es war einfacher so.

Was gab diesem Anspruchslosen, der seit der Ecole des Beaux-Arts oder gar seit dem Debut im Porzellan eine phantastische Karriere hinter sich hatte, den Stachel? Natürlich sein Genie. Ebenso richtig gilt von dem Licht die Helligkeit. Wenn man den Begriff wegließe, täte man dem Gefeierten einen Gefallen. Und das Genie brauchte immerhin Angriffspunkte. Wo saßen sie? Offenbar in den Eigenschaften, die man als seine Vorzüge rühmte, in der Atmosphäre um seine Geschöpfe, in dem überaus verlockenden Farbenschmelz. Diese in dem Weiß schwimmenden Töne machte ihm keiner nach. Unter dem Weiß schienen andere immer noch reichere Farben zu warten. Auf diesen Reiz reagierten geeignete Betrachter. Renoir wußte es. Erst hatte die Farbe nur auf wenige gewirkt; Choquet,

Durand-Ruel, Duret und noch ein paar andere Medien; dann auch auf andere ursprünglich ablehnende oder zögernde Klienten. Es wurden immer mehr. Der Reiz glich der Melodik einer Stimme, die mit ihrem Klang die werbende Kraft eines Vertrauten gewinnt. Es gibt solche Menschen. Ihre Rede ergänzt sich um unausgesprochene Argumente, die man zufügt; gefühlte Weiterungen, geahnte Perspektiven. Renoir kannte seine Gaben. Er brauchte nur lose mit dem Pinsel zu gleiten und mit der Farbe zu schummern, so schmolz der Betrachter. Manchmal hatte er sich gar nichts dabei gedacht. Aber er besaß noch eine andere Gabe, größer und von ihm für unverhältnismäßig wichtiger gehalten. Er hatte etwas mitzuteilen. Das war ihm von irgendwoher gekommen, hatte nichts mit den abzumalenden Dingen draußen noch überhaupt mit Farben zu tun. Es war ihm eigentümlich und noch eigentümlicher als die Farbe, saß in ihm drin und wuchs, dehnte sich aus, drängte nach außen. Es konnte je nach dem Ausdruck eine Albernheit oder eine Verkündigung werden. Zum Beispiel diese Geschichte mit den Frauen, mit ihrem kindhaften Dasein. Geistvolle Menschen hatten das Gegenteil glaubhaft gemacht. Was er sagte, konnte jeder sagen. Plötzlich schien es ihm banal; nicht etwa der Kult an sich, sondern das, was er darüber verlauten ließ. Er fand es nichtig. Ganz andere Dinge waren zu sagen.

Kam es auf das Erlebnis an? Jeder machte mit den Mädchen und anderen Dingen diese und jene Erfahrung. Das war es nicht. Er wußte von keinem Erlebnis. Das, was in ihm wuchs und drängte, war vor allen Erfahrungen, solange er denken konnte, da, hatte latent schon in der Handwerkzeit bestanden. Nur größer war es geworden, wuchs noch mit jedem Tag, gewann eine Allmacht. Er tat nichts dazu. Pissarro warf ihm einmal in einer dummen Stunde vor, die Dinge zu malen, wie er sie sehen wollte, sprach von »parti pris«. Es kam zu einer Explosion, die dem guten Pissarro über den Kopf ging. Wenn man nur den Mut zu dem richtigen Parti pris aufbringen könnte! Gerade das fehlte. Die Bilder litten nicht an zu viel, sondern an zu wenig Eigenwille. Pissarro habe ganz recht. Nichts sei schlimmer als so ein Mittelding zwischen roh und gekocht. – Pissarro kratzte sich die Glatze und wußte nichts zu erwidern.

Bei Renoir gab es großes Reinemachen. Er fand, er habe sich bis jetzt gehenlassen und im Grunde nichts getan. Die Kritiker, die sich an seiner femininen Begabung rieben, hatten recht. Ein vegetatives Gebaren.

Der stille Lyriker entpuppt sich. Nun bleibt nichts von der Lauge verschont, nicht die Grenouillère, nicht die Loge, nicht die tausendköpfige Frauengalerie. Albert Wolff hat nicht schlimmer gewüstet. Reaktion des Verkünders gegen den Künstler, des Menschen gegen den Maler, des Denkers gegen den Dichter. Zum Glück haben wir die Bilder. Wüßten wir nicht, wie er war, könnte man seine Kritik für verkappte Captatio nehmen. Sie stellt die Dinge auf den Kopf; eine Stimmung, eine Reaktion, wie sie genialen Menschen beikommt. Ungerechte, unsinnige, aber höchst wohltätige Reaktion, unentbehrlich, wenn die Glanzzeit überwunden werden soll.

Die Folge ist ein tiefer Einschnitt in den Werdegang. Renoir verläßt den Weg des Erfolges. Die neue Richtung widersprach allen Forderungen der Genossen und erst recht den Anschauungen des kleinen Kreises von Anhängern und Käufern und setzte das bisher erreichte Resultat aufs Spiel. Es war die Absage an den Impressionismus, und zwar nicht nur an die rationalistische Doktrin Monets, auch an die gemäßigte Form, die Renoir den Bedürfnissen seiner Lyrik angepaßt hatte. Der offene

Bruch erfolgte 1886. Er wurde in den vorhergehenden Jahren vorbereitet. Als markante Belege können das »Déjeuner des Canotiers« von 1881, die »Tanzbilder« von 1883, die »Kinder Bérard« von 1884 gelten, endlich das »Mädchenbad«, das 1886 die Öffentlichkeit verblüffte. Die Entwicklung bedeutet, grob gesprochen, die Scheidung des Festen von dem Flüssigen, den Übergang von der Flüchtigkeit der Erscheinung, die dem Maler zuflog, zu einer eindeutigen Stabilität, einem Bau. Bisher hatte man improvisiert und war auf das Glück des Einfalls, er nannte es Zufall, angewiesen, hatte sich mit dem Niederschlag von Stimmungen begnügt. Er nannte es Verzettelung. Das alles mußte zusammengepreßt werden, selbst wenn nur ein einziges Werk übrigblieb. Es war die Absage an passive Gefälligkeit und Ungefähr, an alles Farbenschummern, und damit wurde nicht eine Form allein, sondern eine Empfindung, ein ganzer Empfindungskomplex ausgewiesen. Ein Renoir wurde verabschiedet, ein neuer Renoir gerufen.

Er sagte zu Vollard: »Ich war dem Impressionismus bis an die äußerste Grenze gefolgt und mußte feststellen, daß ich nicht malen noch zeichnen konnte. Ich saß in einer Sackgasse.« – Wir wissen, was von seinem äußersten Impressionismus zu halten ist, und die Sackgasse war mit Perlen gepflastert. Er sei, fuhr er fort, auf eine zu komplizierte Malerei geraten, und dabei habe er »fortwährend schwindeln müssen«. – Wir horchen auf – schwindeln? Hier nagelt der subjektive Richter einen Tatbestand fest, kraß übertrieben, aber einleuchtend. Die künstlerischen Folgen haben wir zuweilen bemerkt, aber dachten nicht daran, die Anlässe im Bereich von Gewissensfragen zu suchen. Weil man sein Bewußtsein unterschätzte und sich einbildete, ein Schöpfer vermöge zwischen Dichtung und Wahrheit zu leben; während nur die Wahrheit den Sauerstoff gibt. So hart der zurückblickende Renoir urteilt, man hat nicht das Recht, diese von überstandenen Qualen eingegebenen Worte für Wind zu halten. Die Beunruhigung war in erster und letzter Instanz moralischer Art, und Renoir wäre nicht groß, hätte er sich etwa mit seiner bekannten Frohheit über das, was er Schwindel nannte, hinweggesetzt und in derselben Weise weiter gemalt. Die Empfindlichkeit vor dem Reich der Erscheinung ist keine Reizbarkeit der Retina, sondern der Psyche, und nur weil solche Menschen in ihrem Beruf einer so sublimierten Ethik gehorchen, schlägt ihre Kurve den stolzen Bogen. Renoir nannte Schwindel sein Bemühen, im Einklang mit der »Richtung« zu bleiben, die ihm zu der hellen Farbe verholfen hatte und der er sich verpflichtet fühlte; Schwindel aus Loyalität und Freundschaft. Das wurde in dem Augenblick belastend, als sich die Unvereinbarkeit der Richtung mit dem Inhalt Renoirs und die relative Belanglosigkeit der reicheren und reineren Palette für seine Anschauung ergab. Die anderen sahen es nicht und brauchten es nicht zu sehen, und deshalb ging es sie nichts an. Er sah. Man ließ sich durch summarische Eigenart und die Vielartigkeit der gemalten Natureindrücke über den bodenlosen Mangel an Haltung täuschen. Die Summe dieser Selbsttäuschungen nannte er Impressionismus. Er hat Monet nie einen Vorwurf gemacht und ließ ihn nicht den Bruch mit dem Programm fühlen. Monet, meinte er, sei der einzige, der sich ohne Erröten Impressionist nennen dürfe. – Der letzte Sinn dieser Meinung bleibt ungeklärt. Sicher hatte Monet nicht unter Gewissensbissen zu leiden.

Bei der Aufdeckung des »Schwindels« spielte das Museum mit. Es gab ihm die Aussicht auf neue Wege. Er konsultierte nicht die Mächte, die ihn früher begeistert hatten, nicht Rubens, nicht das Dixhuitième, auch nicht den Stern seiner Jugend.

Delacroix trat noch weiter zurück hinter Meister, auf die man hier am wenigsten gefaßt ist. Die Tradition entfärbt sich ein wenig, um die Hilfen für die Struktur sehen zu lassen, und Renoir besann sich auf den größten Zeichner Frankreichs. Er hatte anfangs das Mißtrauen seiner Freunde gegen Ingres geteilt. Der Maler der Apotheose Homers galt der jungen Generation als kalter Akademiker par excellence. Nur Degas, eine Zeitlang Renoirs Intimus, dachte ganz anders. Wie mir Renoir erzählte, hängt der Beginn seiner Beziehungen zu Ingres mit Delacroix zusammen. Als er 1875 die »Noce juive«, von der früher die Rede war, kopierte, hing daneben das Porträt der Mme. Rivière, das meisterlichste unter den Frauenbildern Ingres'. Der Delacroix-Schwärmer konnte sich damals nicht enthalten, zuweilen nach dem Nachbar zu blicken. Die ohne weiteres leserliche Struktur gefiel ihm, auch die Anmut der Arabeske. Sein musikalisches Gefühl ging mit und spürte nichts von der Kälte. Nur war man nicht gleich wie von Courbet hingerissen, und das nahm man damals für Schwäche. Seitdem hatte er den Courbetschen Impetus kennengelernt, diese Kraft, die das Bild überschwemmte und die Musik durch Getöse der Urlaute ersetzte. Von dort kam die Abgötterei der Materie und die sogenannte reine Malerei, Produkt unsauberer Anschauung. Naive Nachfolger hatten sich eingebildet, das Erbe Courbets durch Erhellung der Palette reinigen zu können. Ebensogut konnte man einen Neger weißwaschen wollen.

Die Lauge ätzte, der Zweifel griff um sich. War mit der ausschließlich malerischen Tendenz überhaupt ein zuverlässiger Bau zu erreichen? War dergleichen je erreicht worden? Fraß nicht am Dixhuitième der Wurm? Womöglich schon an der Wurzel des Baums in Flandern. Das Mißtrauen traf einen Augenblick sogar Delacroix.

Wir sind vorgeeilt. Zu dieser Schärfe spitzte sich der Zweifel erst allmählich zu. Während der Zeit ist Renoir keineswegs tatenlos geblieben, und man sieht seinen Bildern kein schwankendes Gewissen an. Viele Erlebnisse in den Zwischenjahren vergrößerten langsam die Spannung, zumal die im Winter 1881 unternommene italienische Reise. Ingres hat im Œuvre Renoirs keine greifbaren Spuren hinterlassen und nur mittelbar gewirkt. Er half bei der Bereitung neuer Begriffe. Die italienische Reise war eine Fahrt zu den Göttern Ingres'.

Im Sommer vorher ist das »Déjeuner des Canotiers« entstanden. Junge Leute in lichten Kleidern, die Männer zum Teil in armlosen Trikots, unter einem Zelt nach soeben beendetem Mahle. Ein weiteres Stück aus dem frohen Epos der Jugend, das er mit »Moulin de la Galette« illustriert hatte; ungleich bedeutender. Wieder ein großes Format, aber mit viel weniger Figuren, die erschöpfend detailliert werden. Man hört das Schwirren der Worte, fühlt den Niederschlag der Zerfahrenheit nach den Freuden der Tafel, wenn sich die Gemeinsamkeit in Zwiegespräche löst. Die Kleine, die sich vorn mit ihrem Tutu amüsiert und darüber alles andere vergißt, ihr Gegenüber, gedankenlos das Zuschauen genießend, die kecke Blague der anderen, die eins der Dämchen im Hintergrund treibt, sich die Ohren zuzuhalten, während daneben die beiden Herren wichtig diskutieren – alles das scharf beobachtet und ohne alle Schärfe gespannter Betrachtung, ein trotz der Fülle lose fließender Rhythmus. Sonderbar, daß man das Bild nicht immer so empfand und daß selbst geistvollen und unabhängigen Zeitgenossen das Typische dieses Frohsinns, typisch für Renoir, typisch für den Gegenstand, entging. Es ist noch einmal die Grenouillière, diesmal aus nächster Nähe und in aller Pracht. Den zarten Schleier, der im Frankfurter Déjeuner noch über

Le Déjeuner des Canotiers, 1880-1881.

den Gestalten lag, hat das Lachen zerrissen. Nie war die Laune Renoirs glücklicher, nie traf das Temperament einen froheren »coin de la nature«. Ist es wirklich nur ein Winkel? Im Saal der Sammlung Duncan Philipps, wo das Bild den Ehrenplatz einnimmt, den es im Louvre haben müßte, schlägt es nicht das ominöse Loch in die Wand, durch das man ins Freie zu blicken glaubt. Die Perspektive ist nur eine der Gaben des reichen Geschenktisches. Man wählt nicht. Die Liebhaberei des Betrachters geht dahin wie der Schleier. Die Fanfare der Farben empfängt den Gast und geleitet ihn zum Feste.

Man ermißt die Härte einer Selbstkritik, der solche Schenkungen nicht genügten und die in diesem unbändigen Ausdruck der Lust am Dasein vergänglichen Impressionismus sah. Unter den Zufälligkeiten der Szene versteckt sich ein vorsorglicher Komponist. Noch einmal greift er zur schrägen Ordnung und läßt die Massen diagonal den Raum durchlaufen. Der Tisch mit dem parallelen Geländer und die kraftvollen Umrisse der beiden Canotiers bilden die Hauptäste. Die gelassene Statik des männlichen Geschlechts gibt ausnahmsweise den Ton an, und die Mädchen gleichen beweglichen Zwischenfragen eines Gesprächs. Mit einer bewundernswert diskreten Regie werden im Hintergrund die Erhöhungen, die das Auge für den Abschluß der Szene braucht, gefunden. Wenn man nach der Stelle sucht, wo der Überempfindliche seine Kritik ansetzen konnte, wäre immer nur eben diese Regie zu nennen, die uns bis in den letzten Winkel beschenkt und deren Gastlichkeit kein Ende findet.

Die Fahrt nach Italien führte zuerst nach Venedig, wo er mehrere Wochen blieb und Paris und seine Unruhe vergaß. Die Farben der Fassade von S. Marco, die Lichter auf den Lagunen und die Schatten der Kanäle konnten den Komponisten nicht fördern. Guardi hat hier mit dem Impressionismus begonnen, und Renoir trat die Nachfolgerschaft an. Seit den Eingeborenen hat keiner die Stadt besser getroffen. Er malte den Zauber von S. Marco und von der Meerseite aus den glitzernden Stein des Dogenpalastes; wiederholt den Kanal, einmal mit einer be-rückenden Gondel. Daneben sind aber auch einige Aktstudien entstanden und vielleicht bereits eine der Baigneusen, mit denen der neue Abschnitt beginnt. Von alten Meistern hat ihn nur Carpaccio gefesselt, zumal die Drachenlegende in S. Giorgio degli Schiavone. Von Bellini, Tizian, Tintoretto hat er nicht viel gesehen. Tiepolo mißfiel ihm. Die besten Bilder fand er auf dem Wasser, und nur ungern ließ er sich von der Härte des Winters vertreiben, hoffend, bald wiederzukommen. Dann Mailand und Florenz. Der Franzose fand die Gotik italieni-scher Kathedralen komisch, und die Renaissance in den Bauten stieß ihn ab. Florenz war die traurigste und langweiligste aller menschlichen Siedlungen. Weder hier noch in Rom gelüstete es ihn nach dem Pinsel. Dagegen hat er alle Museen nach Raffael abgesucht. Michelangelo ließ ihn kalt. Die Muskeln, meinte er, müßten den Gestalten unbequem werden. Die Decke der Six-tina hatte zu viel, das jüngste Gericht zu wenig Ordnung. Michelangelo war nur seiner selbst wegen da. Raffael blieb in der Reihe. Außer Delacroix und Ingres hat sich keiner der großen Maler des 19. Jahrhunderts so unbedingt zu dem Urbi-naten bekannt. Er fand in Raffaels Frauenbildnissen das zuver-lässige Handwerk und die Zugänglichkeit des Ausdrucks und begeisterte sich an dem Zyklus der Farnesina. Kein Fresko des Quattrocento besaß diese ansprechende Einfalt. (Freilich ist ihm Piero della Francesca entgangen.) Raffael konnte alles und gab es leicht.

In Neapel fand Renoir die Wärme und die nach seiner

Ansicht wärmsten Bilder Italiens. Der Paul III. mit den beiden Nepoten war der beste Tizian. »Effrayant«, meinte er mit einem Nebenton von Unbehagen. Die namenlosen Handwerker von Pompeji standen ihm näher. Kam man im Gespräch darauf, so schwand die spöttische Trockenheit aus seiner Stimme. Wenn etwas ihn von dem Impressionismus gerettet habe, seien es die antiken Fresken. Er brachte sie mit Corot zusammen, behauptete, nur der habe diese ansprechende Einfachheit, und seine Nymphen glichen den Frauen in Pompeji.

Die letzte Dezember-Woche ist er in Capri, wie der liebenswürdige Brief an Manet bestätigt. Die Erinnerung an die ihm einst widerfahrene Unbill wird weggewischt. Manet hatte inzwischen seine Meinung über den Talentlosen, den man vom Malen abbringen müsse, geändert.

Den Aufenthalt in Neapel unterbrach der Wunsch Pariser Freunde, ein Bildnis Richard Wagners zu besitzen. Wagner saß in Palermo und beendete gerade die Parsifal-Partitur. Nach einigen Tagen – man hat das genaue Datum, am 15. Januar 1882 – wurde Renoir vorgelassen und erhielt eine Sitzung von zwanzig Minuten bewilligt. Er ließ sich nicht abschrecken und brachte einen Rekord zustande, der die Geschicklichkeit des Store-Males in Schatten stellt. Das Bildnis soll, wie Wagner während der Sitzung sagte, das einzige nach dem Leben gemalte sein. Es wurde die Fortsetzung der mit den schönen Bildnissen Choquets begonnenen Art, die nur für wenige Typen paßte. Wagner war mit dem Resultat nicht sonderlich zufrieden. Er gleiche auf dem Porträt einem protestantischen Pastor. Das Bild war kaum sehr ähnlich, aber gibt gewisse Seiten Wagners mit verblüffender, man könnte sagen erbarmungsloser Psychologie; offenbar ganz unbewußt. Renoir gehörte zu den frühesten französischen Bewunderern des Komponisten und kämpfte in der denkwürdigen ersten Tannhäuser-Aufführung der Pariser Oper mit seinen Freunden gegen die Pfeifer des Jockeyklubs. Wie Fantin-Latour hat er dem Schöpfer des Tannhäuser Kompositionen gewidmet. Den Enthusiasmus hat das persönliche Zusammentreffen in Palermo nicht gefördert. Die große Ernüchterung kam in Bayreuth, wo er den Parsifal sah. Eine kleine Melodie von Couperin, meinte er, sei ihm lieber als »toutes ces machines«. Nicht nur der Franzose wehrte sich. Der Verzicht auf Wagner gehörte zur Befreiung vom Impressionismus. Sein Wort, die altfranzösische Musik »sei besser gezeichnet«, bezeichnet ihn.

Kurz vor oder nach dem Ausflug nach Palermo hat er in Neapel neben Landschaften und anderen Bildern einen sitzenden weiblichen Akt, annähernd in Lebensgröße, gemalt, die blonde »Baigneuse«, eine Rheintochter in südlicher Atmosphäre; bis auf das Badetuch über den Schenkeln nackt, strahlendes Fleisch in rundlicher Fülle. Es ist der erste Niederschlag der freskenhaften Klarheit, die er an den Wandbildern der Alten bewunderte, erhöht von seiner Farbigkeit. Der Impressionismus beschränkt sich auf die Gestaltung des Fleischs innerhalb unzweideutiger Umrisse und auf die lose Behandlung des Hintergrunds; freilich ein nicht zu übersehender Beitrag, denn er bewahrt der Venus den vertrauten Reiz sterblicher Mädchen. Man wird trotz Renoirs Skepsis verleitet, der Farbigkeit des Modernen einen nicht anders als geistig zu nennenden Vorsprung vor den Alten einzuräumen, Vorteile in der Fähigkeit, uns zu beglücken.

Renoir hat auch die Zoologische Station besucht. Die Treppe zu der Bibliothek, wo einige Jahre vorher ein deutscher Zeitgenosse einen nicht weniger selbständigen Niederschlag der alten Fresken realisiert hatte, ist er nicht emporgestiegen, und

Baigneuse, 1881.

hätte er es getan, wäre er nur an einen Fremden geraten. Mit den Pompejanern vor zweitausend Jahren fand er sich leichter zurecht. Die vielen Plastiken in Neapel bis auf einige Reliefs interessierten ihn weniger und haben ihm wohl nur den Verzicht auf das bekleidete Modell erleichtert. Von nun an mehren sich die Studien des Nackten. Die blonde Baigneuse geht einer Reihe von ähnlichen Gestalten voran, in denen der Umriß immer entschiedener hervortritt. Den Zauber der Neapler Baigneuse hat er kaum je übertroffen.

Von Italien reiste er im Frühjahr 1882 nach der Provence, wo er kurze Zeit mit seinem Freunde Lhote in der Estaque, der Region Cézannes, malte. Er holte sich dort seine erste Lungenentzündung und ging zur Rekonvaleszenz wieder nach Algier. Hier hat er meist improvisiert. Die Zeichnung trat für einen Augenblick zurück, und die Farbe gewann; vielleicht ein Rückfall des Impressionismus. Um so heftiger setzte hinterher die Reaktion ein, und es fehlte nicht viel, so hätte er die ganzen Bilder zerstört. In der Erinnerung stieg Pompeji immer höher, und er gab sich daran, freskenhafte Motive zu suchen. Damals, um 1883, spielte ihm der Zufall den Traktat des Cennino Cennini in die Hände, das erste Buch, das er nicht nur des Vergnügens wegen vornahm. Er war kein Leser. Kein Impressionist las. Dazu hatte man keine Zeit. Mit jeder nicht der Malerei gewidmeten Minute glaubte man die Ewigkeit zu verpassen.

Renoir verschlang den Traktat und begann nach den alten Farbenrezepten zu experimentieren. Der Naive, der Dichter, dem jedes Gespräch über Technik fatal war, richtete sich ein Laboratorium mit Retorten ein und begann eine Art Alchimie zu treiben.

Damals wären ihm Aufträge von Dekorationen zu jedem

Preis willkommen gewesen; aber nicht Supraporten, die von weitem, und wäre es auch nur im entferntesten, an das Dixhuitième erinnerten. Nicht graziöse Gefälligkeiten, sondern trächtige Wandbilder von unverwischbarer Realität. Die von Durand-Ruel bestellten Tanz-Panneaux waren ein Anfang. In schmalem Hochformat mit lebensgroßen Paaren wird der Walzer illustriert. Der Walzer der Grisette in Bougival mit dem Bohémien ohne Kragen begann wohl die Serie. Ein Paar von den vielen, die vorher in Moulin de la Galette walzten und den bunt belichteten Chorus bildeten und nachher zu einem engeren Kreis an dem Tisch unter dem Zelt zusammenrückten, aber auch da immer noch Chor, Objekt einer behenden Massenregie blieben. Es galt vor allem, flüssig zu bleiben. Die vielen Gruppen gaben alle möglichen Anlässe für die Darstellung des Rhythmus her; bewimpelte Schiffe verschiedener Größe auf munteren Wellen. Man mußte ordnen und die Ordnung nicht merken lassen. Es war neben der jetzt gestellten Aufgabe ein Spiel. Renoir nahm aus dem Chor, aus dem schwimmenden, flimmernden Reigen der Farben und Lichter ein Paar heraus, und zwar ein beliebiges Paar, und stellte es in den äußersten Vordergrund; und dieses eine Paar sollte den ganzen Chor ersetzen. Zwei beliebige Menschen sollten die Regung der Masse summieren. Gelang es wirklich? Die Schönheit des Werkes steht nicht in Frage. Denkt man an die Treppenbilder oder an das Paar in dem Frühbild »Ménage Sisley«, das in dem schleppenden Tempo steckenzubleiben drohte, wird der Gewinn erstaunlich, und man zögert nicht, das neue Bild unvergleichlich höher zu stellen. Aber darum handelt es sich nicht. Läßt dieses Tanzbild auch die näher zurückliegenden Werke hinter sich? Immer bewundert man den Mut der Aufgabe. Niemandem werden ihre Schwierigkeiten entgehen und wieviel

Tanz in Bougival, 1882-1883.

Danse à la Campagne, 1882-1883.

schon die Annäherung an das gesteckte Ziel bedeutet; aber man kann zweifeln, ob überhaupt in dem hier gegebenen Rahmen des Gegenstandes die gesuchte Summierung zu erzielen ist, ob mit diesem Realismus, der sich nicht um eine Linie von dem sichtbaren Objekt entfernt, eine weitere Erhöhung des Bildhaften gelingen kann. Und nur eine weitere Erhöhung könnte uns frühere Werke vergessen machen. Das Sprühen der Farbe in den »Canotiers« setzt aus, und damit verklingt die Fanfare. Der Pinsel hüpft nicht über die Helligkeiten und Tiefen, sondern sucht eine Bindung der Flächen, die wir in Ermangelung eines besseren Ausdrucks freskenhaft nennen können, und diese Bindung zügelt fast gewaltsam das Licht. Als könne er sich nicht ganz von der Vergangenheit losreißen, läßt Renoir der Menge einen bescheidenen Anteil im Hintergrund. Der Tisch mit den schwatzenden Leuten könnte auch unter dem Zeltdach der »Canotiers« stehen. Freilich in anderer Form. Die Kleine im Profil, mit der Hand unter dem Kinn, ganz in der Stimmung der »Canotiers«, ist genauer gezeichnet als in den »Canotiers« das Mädchen mit dem Hund im äußersten Vordergrund; offenbar dasselbe Modell.

In den beiden Panneaux der Serie, die bei Durand-Ruel waren, zieht Renoir bei gleicher Höhe des Formats die Breite noch enger zusammen. In dem einen, der »Danse à la campagne«, reduziert sich der Chor des Hintergrunds auf das winzige Köpfchen, das durch das Gitter emporschaut und entbehrlich wäre. Die Paare in beiden Bildern sind noch statiöser geworden und haben sich vollständig vom Hintergrund gelöst. Takt und minutiöses Studium der Bewegung bieten alles auf, um das Ausgeschnittene zu vermeiden. Die Realität der Körper im Raum wird erreicht, und die Paare tanzen. Tanzen die Bilder? Vibriert die Fläche wie vorher? Wir bewundern die

Danse à la Ville, 1882-1883.

Zucht des Künstlers, der sich von der losen Grenouillère zu diesem Pathos der Lust erhob. Das Tanzbild »à la ville« ist ein Prunkstück von Grazie. Nie wurde das Städtische so zutraulich, fast könnte man sagen, so rührend geschildert. Trotzdem kann es geschehen, daß wir uns verstohlen nach den Jugendgedichten zurücksehnen.

Bis jetzt ging der Aufstieg im Tanzschritt. Renoir, allen brüsken Entscheidungen abgeneigt, hat noch nicht auf alle Vorstellungen der Genossen verzichtet, sondern eine Vereinfachung und eine Art Konsolidierung des Impressionismus versucht. Das hinderte ihn, die Aufgabe in eine Sphäre zu rücken, wo sie noch um vieles kühner, aber zu lösen war. Allmählich erst wurde ihm diese Notwendigkeit klar, denn er war behutsam. Dann griff er zu.

EINE WEITERE STRECKE DES AUFSTIEGS

Spätestens im Jahre 1883, zur Zeit der Tanz-Panneaux, wahrscheinlich schon früher, begann die Komposition des »Mädchenbads«. Das Werk sollte ihn drei Jahre lang festhalten. Alles, was er daneben malte, war für ihn Erholung und trieb ihn immer wieder zu dem einen Bilde zurück. Als Studien können die zahlreichen weiblichen Akte oder Halbakte gelten, die das Badetuch zu »Baigneusen« werden läßt, ernstere Geschwister der blonden Vorgängerin am Strande Neapels. Unter ihnen kommt dem Rückenakt des nackten Mädchens, das sich das Haar bindet, besondere Bedeutung zu. Der Reiz des blonden Kindes von Neapel, einer Meernixe, die von dem Sensualismus Wagnerscher Akkorde umfangen schien und sich gleich einer überreichen Frucht darbot, ist einer fast abweisenden Strenge gewichen. Man könnte die neue Schönheit versteint nennen, wenn nicht mit ihr die Erinnerung an andere Schönen, die beweglicher waren, sichtlich verbunden wäre, wenn nicht mit Mitteln, die wir nicht durchschauen und die Renoir früher kaum besaß oder nicht verwendete, eine Regung oder Regungsmöglichkeit besonderer Art dargestellt würde. Das Bild bedingt eine andere Betrachtung. Es ist Renoir nicht zugeflogen und fliegt uns nicht zu. Wir werden zu einer ungleich entschiedeneren Stellungnahme genötigt. Das Gefällige, das uns früher zu flinken Genüssen half, schweigt, und dafür dringt die neue Form, wenn wir sie gewähren lassen, mit fast schmerzhafter Gewalt in uns ein. Es ist bequemer, sie nicht gewähren zu lassen und davonzugehen. Wieder umschlingt die Beine das dichte Badelaken. Aus dieser deutlich begrenzten loseren Masse

Das Mädchenbad, 1883-1887.

wächst statuarisch der gewaltige Körper empor, nach allen Seiten scharf profiliert. Der Umriß folgt in wölbender Kurve dem Bauch, steigt zu der vollen Brust, dem die erste sanfte Wölbung als Piedestal dient, und läuft alsdann, nein, schießt im spitzesten Winkel weit hinaus in den waagerechten Arm, biegt im Ellbogen wieder spitz um und mildert und verstärkt zugleich die Horizontale. Man möchte dieser Linienführung eine Schönheit an sich zusprechen, glaubt sie wie gewisse Arabesken Ingres' von dem Körperlichen lösen zu können. Eine Fiktion, denn der Umriß ist nicht Linie allein und läßt sich nicht von der Gestalt entfernen, und gerade darauf beruht die Lebendigkeit des Körpers, aber die Fiktion kommt uns nicht unversehens. So wirkt die Form. Unsere Deutung hat mit dem Umriß eines Mädchenkörpers nicht genug und sucht nach weiteren Begriffen. So profiliert sich ein Bau, so ragt ein weiß gewaschenes Vorgebirge ins Meer. Die Vergleiche halten nicht, wir kehren immer wieder zu dem Mädchen zurück, müssen zu ihm zurück, aber tragen ihm diese Vergrößerungslust zu. Mit der denkbar natürlichsten Bewegung greift die eine Hand in das Haar und die andere legt sich breit darauf, um es zu halten. Alle machen es so, vermutlich seit der ersten Eva, und diese nichts wie zweckmäßigen Handgriffe werden zu einer Gebärde. So weit der Ellbogen des rechten Arms in das Profil ausladet, eben soweit dringt der linke in die Tiefe und sinkt von dort in golfhaftem Bogen zur Erde. Ein Geschöpf, von dem wir nur Formen erwischen, durchaus geschlossene Formen, von der Zugänglichkeit eines nackten Gestades, und immer noch Geschöpf der Natur, mehr Natur als je. Wie es dasitzt, allein vor Wasser und Himmel, scheint es nur den Elementen verbunden. Kein anderes Wesen ließe sich an die Stelle denken, kein Tier, kein Löwe, keine Sphinx, und nichts wäre lächerlicher als ein Mann. Keine Malerei könnte einen Baigneur vor der Abstraktion retten. Kein zweites aus der Unzahl der Geschöpfe wäre imstande, die Einsamkeit des Mädchens zu teilen. Das Einfigurige der Komposition ist zwingend. Selbst die horizontale Linie der Landschaft fügt wenig hinzu, und ungern nehmen wir das Tuch als Badelaken, weil es die Nacktheit profaniert. Immer noch ein Geschöpf Renoirs. Viele Ninis und Marguerites sind hier zusammengekommen.

Das Positive der Trennung vom Impressionismus wird offenbar. Die scharf umrissene Form zeichnet die Größe des Gedankens. So weit entführt kein gelenkiges Spiel mit Lichtern und Flecken die Spezies Homo dem niedrigen Bereich der Wirklichkeit. Bedeutende Maler hatten die Gestalt sozialisiert, sie den Gesetzen der Umgebung unterworfen und in die Masse verwiesen. Der Mensch war gut genug, Landschaften zu beleben. Der junge Renoir hatte dafür seine Lyrik aufgeboten und die Lichter zur Illumination seiner Feste benutzt. Jetzt gibt er der Gestalt den vollen Eigenwert zurück. Er verirrt sich dabei nicht in jenes gedachte Menschentum, das der Akademie teuer war. Der Umriß der Baigneuse kommt von der Anschauung her, und das Museum ist nur mittelbar beteiligt. Die Erinnerung an Neapel verrät höchstens die Bergkette jenseits des Wassers. Dagegen deutet nichts auf die Handwerker Pompejis. Sie haben diese Nacktheit weder gekonnt noch gewollt. Die Wucht der Gestalt entzieht sich dem Fresko. Wohl ist sie Summe einer Reihe, und das Reihenmäßige bleibt im Typ erhalten, aber so wenig dieser dem gewohnten Wesen der Malerei jener Zeit zu entnehmen wäre, so wenig eignet er sich für das Gefüge der Wanddekoration. Er müßte es zerbrechen. Immer gehört zu dieser Gestalt das Rechteck des wohlerwogenen Formats. Das Bild steht zwischen Wand und Staffelei, auch bis zu einem gewissen Grade zwischen Malerei und Plastik, denn man ahnt, daß der Schöpfer dieser Form eines Tages zur Bildhauerei greifen würde, und könnte sich wundern, daß es nicht schon damals geschah und er Maillol überließ, mit der Übertragung solcher Baigneusen in Bronze den Anfang zu machen. Aber es gehört zur Sammlung dieser Periode, nicht die Plastik, sondern die Malerei zu revidieren. Wir bedürfen keiner Beziehung zu der Schwesterkunst. Diese Venus Anadyomene entlehnt ihre Reize keiner antiken Skulptur. Sie ist in des Worts verwegenster Bedeutung aus Schaum geboren. Ihr lichtes Email verdichtet sich aus den hellen Farben der modernen Palette. Keine den Bildhauer nachahmende Schattierung mit neutralem Grau, der akademische Trick modellierender Maler, auf den Courbet nicht zu verzichten vermochte, verunreinigt die Materie. Lichte Töne, organisch aus der dem Schaum näheren Umgebung gewonnen, formen den Körper. Die einzige dunkle Stelle ist das kastanienbraune Haar. Es bildet zu dem Fleisch einen prangenden Kontrast, sichert den Farbenklang und mit seiner bewegten Stofflichkeit zugleich die Realität. Was die Linie schließt, öffnet die Farbe.

Um diese Doppelwirkung hat Renoir gekämpft. Sie ist das Alibi seines modernen Bewußtseins und trennt ihn von Ingres. Man mag den Maler der Odalisken und des »Bain turc« noch so hoch stellen und bei der Beurteilung seiner Kompositionen alles mitsprechen lassen, was er uns mit seinen Bildnissen schenkte, nie wird man sich ganz von der Last seiner Umwege befreien und die Ferne seiner vollendeten Form von unserm Gefühl verwinden. Unsere Bewunderung behält retrospektive Haltung. Die glorreiche Zeichnung überwindet nicht das Begrenzte eines Biedermeiertums. Ingres vertrieb nicht die Natur, aber entzog ihr alles Vegetative. Sein Herbarium saugte die Säfte auf. Die Baigneuse des Nachfolgers füllt das Gefäß bis zum Rande. Dunkle Tropfen quillen darüber hinaus und rinnen die Wandung hinab.

Renoir vollendete die von Corot begonnene Belebung der Odaliske. Er rückte die Nacktheit aus der Dämmerung in die Sonne und stärkte ihre Form noch über die Energie eines Ingres hinaus. Alle Baigneusen wurden draußen studiert und im Atelier gemalt. So hatte es bei einer persönlichen Begegnung Corot dem jungen Renoir geraten, denn draußen habe man nie Zeit zur Besinnung. Aber die Mädchen brachten von draußen ihre natürliche Abneigung gegen Stubengedanken mit, und Renoir ließ ihnen ihre Widerstände und zwang sie zu keiner Pose. Es kommt nie zu der letzten Glättung einer Ingresschen Odaliske. Linkisch wie der rundliche Körper die Glieder regt, bleibt der Strich des Malers, auch wenn der Zeichner die wohlgeformte Arabeske gewinnt. Es ist das Linkische des

Autodidakten, das Ingres fehlt und fehlen mußte und das auch Corot besaß; Zeichen eines Malers, der tastend zu seiner Form gelangt. Nichts bewahrt besser die Gestalten vor jeder engen Berührung mit der Plastik und vor vorschneller Symbolik.

In dem »Mädchenbad« wurden die Typen der Baigneusen zum erstenmal zu einem figurenreichen Bilde zusammengestellt. Der Winkel eines kleinen Waldsees. Zwei der nackten Mädchen liegen und sitzen auf den Badetüchern, die für die Koloristik Bedeutung erlangen; die dritte im Wasser droht mit schöpfenden Händen der ersten, die schon trocken ist und sich mit Händen und Beinen wehrt. Im Hintergrund des Sees noch zwei andere; die eine in der bekannten Pose, die Hände im Haar. Sie gehören zur Bewegung des Wassers, weniger zu der des Bildes. – Schon die auffallend lange Zeit, die der sonst immer behende Maler diesmal brauchte, erweist die Bedeutung, die er dem Werke zumaß. Er überließ nichts der Spontaneität, traf alle Vorbereitungen mit größter Sorgfalt und machte für das Ganze und für jede einzelne Gestalt genaue Zeichnungen, manche in fast natürlicher Größe. Renoir hat die Leinwand oft ganz übermalt und sowohl das Motiv als auch die Technik wiederholt geändert. Später ist er oft auf die Komposition zurückgekommen. Das Werk stellt eine der Höhen des Künstlers dar, nicht die Spitze. Spitzen, die alles andere gering erscheinen lassen, kann es im Werke eines Franzosen nicht geben. – Die Entwicklung, die von dem Werk gekrönt wird, ist nicht die letzte dieses reichen Daseins, aber für den Vorwärtstrieb des sogenannten Glückskinds gibt es kein bedeutenderes Dokument. Mehr als je diktiert der Komponist. Man spürt ihn schon in der ersten uns bekannten Zeichnung, die noch sieben Figuren vorsah; eine offenbar erfundene Szene mit gesehenen Einzelheiten, die nicht zusammengehen. Nur das Mittelmotiv,

Zeichnung zu »Das Mädchenbad«, um 1883.

die am Ufer sitzende, strampelnde Figur und die gegen sie vorgehende im Wasser, überzeugt einigermaßen. Dies Motiv gibt im endgültigen Bilde den Vordergrund. Links und rechts werden die nichtssagenden Statisten der früheren Fassung weggeschnitten und im zweiten Plan die neue Figur, die er lange gesucht hat, als Vermittlung zwischen den beiden ersten hinzugefügt. Noch in der Zeichnung der Sammlung Laroche, die dem Gemälde näherkommt, versagt die Vermittlung, weil der hinaufreichende linke Arm der Mittelfigur die Bewegung in die Tiefe anstatt zu der Gestalt im Wasser führt. Die Mittelfigur ist die glücklichste, trotzdem sie an dem Spiel der beiden anderen keinen Anteil nimmt. Die Körper haben die Bestimmtheit kalligraphischer Zeichen, aus einer dichten Materie gebildet, die man für geschmolzenes Perlmutt nehmen könnte. Die Landschaft ist der phantastische Hintergrund der Legende, in dem sich letzte Reste des Impressionismus erhalten haben. Als solche können auch die Hintergrundfiguren gelten, die eine logische Verbindung mit den vorderen Plänen versuchen. Diese Logik hemmt um ein geringes die Verzückung. Man möchte nur die reich verschlungene Arabeske der Körper vor flimmerndem Grunde sehen.

Die Quellen der Komposition liegen weit zurück. Die bekannten Anreger des Künstlers, auch Ingres, bleiben außerhalb der Szene. Ingres wäre über die Zumutung, vier strampelnde Beine auf einem Fleck zu zeigen, außer sich geraten. Von den zwanzig oder dreißig Weibern im »Bain turc« sieht man kaum vier Füße. In dem Bruch mit dieser traditionellen Behutsamkeit bewährt sich der Moderne. Wohl kommt etwas von dem Frauenhaften des »Bain turc« wieder, aber was außerdem in dem Werke Renoirs steckt, findet sich nicht bei dem Vorgänger. Wie Puppen, die gewisse Seiten treffend wiedergeben, sitzen die nackten Sklavinnen Ingres' in dem engen Raum. Ihre Existenz ist beschränkt. Renoirs Mädchen sind frei, und ihr Harem ist die Natur. Auch jetzt noch, in dieser Strenge der Form, scheint ihrem Wesen keine der bekannten Schranken gezogen. Nie sichert Ingres so mächtig die Tiefe, wie es hier mit der Gestalt des zweiten Plans geschieht, die mit vielarmiger Klammer den Raum umfaßt, und so scheint das ganze Werk einen größeren Komplex von Zeit und Raum und Regung zu umfassen. Der Gedanke fliegt durch das »Museum« und spürt in früheren Zeiten ähnlichen Formen nach. Alles, was man dekorativ nennen könnte, ist zu gering. Alle Improvisationen, die den Alkoven schmückten, versagen. Der frühere Besitzer des Werkes brachte mich auf eine Spur. Sie führte in den Park von Versailles. In den Bleireliefs, die das Bassin der Allée des Marmousets schmücken, fand ich ein Vorbild des Werkes. Die

Reliefs sind von dem 1715 gestorbenen Girardon, dem die Gärten von Versailles viel Schönes verdanken, und stellen das Bad der Diana dar. Nackte Frauen spielen im Wasser; einige ruhen am Ufer; unter ihnen eine in der abwehrenden Haltung der Hauptgestalt unseres Bildes. Auch die kleinere, die im Wasser steht und zu spritzen droht, kommt wieder. Renoir hat das Relief gezeichnet. I. E. Blanche hat, wie er mir sagte, die Zeichnung gesehen. Sie soll im Besitz des Malers Maitre, des Freundes Renoirs, gewesen sein. Ich habe sie nicht wiedergefunden.

Die Beziehung ist gegenständlicher und weniger bedeutsam als der von Paul nachgewiesene Zusammenhang des »Déjeuner sur l'herbe« Manets mit dem Stich nach Raffael. Manet hielt sich an die Struktur und erfand die modernen Details. Renoir begnügte sich mit einem Detail und erfand die entscheidende Struktur. Wohl spürt man in dem Gemälde das Relief, aber nicht das von Girardon. Renoir geht weit über das Spiel der zierlichen Figuren im Bade der Diana, das die Fläche malerisch bewegt, hinaus. Ältere, stärker wogende Rhythmen werden angerufen. Man denkt an herbere Darstellungen der Frau, an eine stolzere Plastik, vielleicht an Goujon, den schon der junge Renoir bewunderte, an eine Diane de Poitiers, an die schlanken Linien einer stolzeren Malerei, an jenes lichte, jugendfrische Bild eines Unbekannten des 17. Jahrhunderts, seltenes Kleinod einer verschollenen Schule, die jagende Diana, im Louvre. Es gibt weckende Bilder, die mit ihrer Kraft ganze Reihen anderer aufdecken. Ein junger Fürst tritt in den Ahnensaal, und seine Stimme scheucht den Staub von den Wänden. Der Wald von Fontainebleau, wo die »Lise« stand, lichtet sich und läßt das zinnenreiche Schloß des prachtliebenden Franz erkennen, der aus Italien die Künstler zu sich rief. Wir erblicken hinter

Primaticcio, dem Führer der alten Schule von Fontainebleau, die Meister des Südens. Alles Große der lateinischen Kunst, das sich mit lichter Freude am Dasein vereint – und was in jener Kunst vereinte sich nicht mit ihr! – wird lebendig.

In dem »Mädchenbad« drängt das Pathos des Barocks die spielerischen Reize der Malerei in den Hintergrund. Es unterdrückt sie nicht, drängt sie in die Landschaft, wo sie Kulisse bilden, aber es allein führt die Sprache des Bildes. Die Glieder blühender Mädchen unserer Zeit, die sich nach dem Bade erlustigen, sind Träger des Pathos. Vergeblich wird man in diesem Barock eine Stilisierung nach irgendeinem historischen Schema suchen. Der Stil ist gesteigerte Mädchenlust. Die kokette Dritte kommt in der Haltung dem Rokoko am nächsten. Man könnte sich vielleicht statt des Badetuchs, das sie sich mit animalischer Grazie über den Rücken schlingt, eine mit Spitzen geschmückte Daunendecke und statt der Freundin, auf die sie hinblickt, einen Geliebten denken, den nach stürmischer Liebesnacht der Schlummer bezwingt; aber kein Lustbett Louis XV. oder Louis XVI. vermöchte diese Kleine zu tragen, und die Wucht ihrer Gebärde müßte das ganze Schlafzimmer zersprengen. Wenn sich in das Idyll neben vielen Gedanken auch der an Fragonard einschleichen sollte, würde das nur beweisen, was wir längst wissen, daß auch die Erotik Fragos Reste von Einfalt besaß. Der Stil, der das Spiel tapsiger Mädchenglieder ordnet, hat lange Kadenzen. Man könnte ihn fast hieratisch nennen.

1884 unterbrach Renoir die Arbeit mit einem Gemälde ähnlichen Formats, »L'Après-midi à Wargemont«, heute im Berliner Kronprinzenpalais. Er malte es im Sommer an der Küste von Dieppe auf der Besitzung seines Freundes Bérard, der zu seinen ersten Käufern gehörte. Die Dargestellten sind die

Nachmittag in Wargemont, 1884.

Töchter des Freundes. Wieder ein Gruppenbild mit drei Figuren; diesmal sind sie bekleidet und im Interieur, tollen nicht herum, sitzen artig in ihrem adretten Zimmer, gut erzogene Kinder. Kaum gibt es im Leben eines anderen Meisters solche Gegensätze, am wenigsten zwischen gleichzeitigen Werken. Ein Poussin, der wie Vermeer malte, wäre kaum sonderbarer, wobei mir nicht die Ferne des »Mädchenbads« von einem Poussin noch die des Zimmers in Wargemont von einem Vermeer entgeht. Vielleicht gab es einmal das Barock des Mädchenbads, nie hat es früher solche Zimmer gegeben. Man betritt auch heute noch nach vielen Jahren kaum den Saal in dem Berliner Palais, ohne die Neuheit zu spüren. Längst gewohnt gewordene Beziehungen zu der Kunst jener Zeit verschwinden, und das Bild liegt immer wieder wie eine unentdeckte Insel da, mit gelben Klippen, mit seiner farbentollen

Vegetation, mit der Anziehungskraft des Unbekannten. Renoir tritt hier einmal, will uns bedünken, aus der Reihe hervor. Diese Energie der Originalität hat man von ihm am wenigsten erwartet. Sie wirkt aufreizend, weil sie die verschwiegenen Seiten des Lyrikers, alle Zartheit, die uns an ihn fesselte, abstreift und zugleich das magistrale Pathos, das uns den Verzicht erleichterte, verneint. In diesem bürgerlichen Landhaus gibt es moderne Badezimmer, nichts von Girardon. Es ist unsere Zeit, nicht einmal Fin de Siècle, sondern heute. Renoir verläßt die Reihe, um zu uns zu kommen. Denn das Bild gibt uns keine Rätsel auf. Die verblüffende Wirkung liegt gerade in der Aufdeckung bekannter Tatsachen innerhalb der Anschauung Renoirs. So ist so ein Zimmer. Wir waren schon da, aber dachten nie an die Möglichkeit, hier einem Renoir zu begegnen. Und sobald wir ihn erkannt haben, ist alles in schönster Ordnung. Wieder ein Parbleu. Natürlich gehört das Zimmer zu ihm. Zu wem sollte es sonst gehören? Unsere Schuld, wenn wir sein Anschauen unbillig begrenzt haben.

Schon die Farbe bestimmt den Stil und affichiert ihn, scheint es, geradezu. Uns ist alles recht, sagten die Maler, nur laßt uns Licht und Farbe! Mit ein paar Blumen auf dem Tisch vor dem Fenster, mit einer farbigen Decke dekoriert sich alles von selber. Die lichten Grün, die Blau und Rot und vor allem das Orange, dieses rücksichtslos schmetternde Orange bringen die Akkorde, die wir haben müssen. Sie sind unsere Nahrung, unsere Peitsche. Spüren wir sie, so verzichten wir auf den Rest. So dachte man, und der Gedanke überwältigte die Zeitgenossen. Warum denkt man hier anders trotz der Peitsche? Die blauen und grünen Töne vereinen sich in dem weiß geränderten Sofa. Stellenweise liegt das Grün als Hauch auf dem Blau. An den hellen Stellen absorbiert das Licht das Gemenge. Noch heller dahinter die holzgetäfelte Wand, in der das Blau fast zu Weiß verdunstet. Impressionismus? Das war einmal. Da verdunstete nicht der Ton, sondern das Objekt. Hier strömt das Objekt Farbe aus und gewinnt eine Räumlichkeit, die es in der Wirklichkeit nicht besaß, wird kubische Tatsache. Hier ist das Licht ein riesiger Kristall, in das ein Zimmer gebaut ist; ein phantastisches Unternehmen.

Auf dem Sofa aber sitzt, vertieft in sein Bilderbuch, ein kleines Mädchen, kaum hübsch, sehr zart. Lediglich aus der Art, wie es dasitzt, ist eine ganze Psychologie abzulesen. Letzter Reflex des großen Genremalers. Über den dünnen Beinchen, die nicht auf die Erde kommen, in Strümpfen von dunklem, dumpfem Blau, liegt das Röckchen, blau und weiß kariert, von greifbarem Gewebe. Den schmächtigen Oberkörper, dem die Landluft not tat, umgibt das pralle Trikot im Blau der Strümpfe, und den Kopf das goldige Orange. Ein Bildnis in der Art des alten Renoir, duftig, zart und von letzter Subtilität; Essenz einer Darstellung, die schon der kleinen Durand-Ruel und ähnlichen Werken die überzeugende Sachlichkeit und den gewinnenden Reiz gab. Wenn man diesem Reiz nachginge, käme man zu einer gewissen Dehnbarkeit des Motivs, die von der lockeren Malerei unterstützt wird. Diese Art bleibt auf das Mädchen mit dem Bilderbuch beschränkt. Die Gruppe am Tisch mit allem Zubehör, der wesentliche Teil des Bildes, auf dem die erregende Neuheit des Werkes beruht, wurde von einem anderen Renoir, einem ungleich kühneren Gestalter, geschaffen, dem an jener Dehnbarkeit nicht gelegen war. Die Farben gehorchen nicht einer beschreibenden Psychologie oder besorgen diesen Dienst nebenher. Ihre wesentliche Funktion zielt auf geschlossene Bildhaftigkeit von kristallener Klarheit. Der Porträtist tritt hinter dem Komponisten zurück. Man glaubt zuerst, der Maler habe mit Farben und Formen genau erwogene rhythmische Klänge erzeugen wollen und sich nicht um die Bestimmung des Bildes, die der Auftraggeber im Auge hatte, gekümmert. Die Farben geben starke Kontraste und wenig Töne. Das aus Orange und Rot gewonnene Haar des ältesten Mädchens kommt in dem spiegelnden Parkett wieder. Das Orange, zu Rot und Grün gestellt, gibt die Gardine und, dunkler durchwirkt, die Tischdecke, immer mit einer äußerst beschränkten Anzahl von Tönen und in derber Materie. Nur das Blau ist reicher degradiert und vermittelt die Verbindung mit dem linken Teile des Bildes. Seine Tiefe findet sich in dem Blumentopf mit den grün-roten Blumen. In den Augen der Mädchen ist es ein reines Ultramarin, von der Frische gebrochenen Steins. Nie sah man je bei lebenden Menschen solche Augen. Die Orange, Rosa und Rot werden meist nur durch die Mengen des Pigments und durch die verschiedenen Kontraste modifiziert. Das Orange verschärft sich in dem gelben Stuhl und behält sonst ungefähr denselben Tonwert. Gibt es das in der Natur? Auch das Grün bewegt sich im Zimmer annähernd auf gleicher Höhe. Nur draußen, jenseits des Fensters, wird noch gemalt wie früher. Da entsteht aus schwimmenden lichten Tönen die lachende Landschaft, ein Hintergrund.

Im Kern ist es die Malerei eines Primitiven. Das gilt vor allem von dem Typenhaften der Kinder mit den ultramarinblauen Augen. Die Kleinste hält eine in den gleichen Farben gemalte Puppe im Arm. Auch die Puppe hat ultramarinblaue Augen. Sie gehört als drittes Kind zu der Gruppe und ist ihr Zentrum, der Anfang einer stufenweisen Steigerung des physiognomischen Ausdrucks. Sie bestimmt die Festigkeit der runden Form. Auch die Älteste, schon ein ausgewachsener Backfisch, ganz hausfrauenhafter Ernst, durchdrungen von der Verantwortung für die Geschwister, behält immer noch Ähnlichkeit mit dem Püppchen. Zweifellos trug sie außerdem auch die Züge der Familie Bérard. Das läßt sich kaum noch nachweisen und geht uns nichts an. Das Kinderzimmer, Gegenstand eines Bildnismalers, der die Kinder einer Familie des vorigen Jahrhunderts überliefern sollte, erweitert sich zur Kinderlegende.

Die Verallgemeinerung gelang nicht von heute auf morgen. Die Mädchen wurden vorher einzeln gezeichnet und gemalt. Renoir hat die Gesichter eingehend studiert und kam zu auffallend zeichnerischen Resultaten. Die merkwürdigste dieser Studien, in der Sammlung Gangnat, malte er nach demselben Mädchen, das im Gemälde auf dem Sofa sitzt. Man kann es kaum glauben. Die weichste, zarteste Gestalt des Bildes war in dieser Studie öde und hart. Die Pinselschrift verschwindet, und die Fläche wird glatt, und zwar nicht von der Glätte Ingres', der seine Zeichnung immer farbig zu bekleiden wußte, eher von der fatalen Nacktheit der Epidermis auf den gedankenblassen Bildern der Engländer aus dem Ruskin-Kreise. Der unbillige Vergleich stellte sich zumal zwischen den ganz anders gearteten Bildern der Sammlung Gangnat ein. Man fand keinen anderen. Die Enthaltsamkeit, die dem Maler von Cennino befohlen wurde, führte in jener Studie zu einer vergrößerten Miniatur auf Leinwand statt Elfenbein. Man kann von hier auf erbitterte Kämpfe schließen, deren Schauplatz das Zimmer in Wargemont war. Bis die Puppe zum rettenden Engel wurde, hat das Bild viele Stadien durchgemacht. Der Zeichner war, um von der präraffaelitischen Härte loszukommen, genötigt, den Impressionisten zu Hilfe zu rufen, und da mag das ganze Bild einen Augenblick die losere Konsistenz des Sofamädchens gehabt haben. Dann erst kam der letzte Anlauf, und die Härte und der Impressionismus wurden überrannt. Die in sich abgeschlossene Hauptgruppe hat das Rennen begünstigt. Man kann sich den Hauptteil nahe dem linken Zipfel der Tischdecke abgeschnitten denken. Es reichte nicht für das Sofa. Vergleichsweise gehört der Teil mit dem Sofa zu einer Genremalerei sublimer Art.

Um so glänzender leuchtet die Hauptgruppe. Ein anderes Leuchten als früher. Die Vereinfachung der Palette folgt aus gestählter Anschauung. Der Impressionismus Renoirs mit allen seinen dehnbaren Suggestionen erscheint jetzt wie ein halbes Denken. Früher liefen die Farben durch das Bild, zuckten raketenhaft, und das Zucken brachte Figuren hervor, die, wenn es gut ging, zu Menschen oder wenigstens zu Trägern einer Stimmung wurden. Jetzt entsteht zuerst die figürliche Komposition in dem Raum, und die Farbe ist ein vorgesehener Teil des räumlichen Gefüges. Das klingt abstrakt, aber die Folgen sind greifbar. In früheren Auftragsbildern bot das Virtuosentum des Malers alles, was Pinsel und Farbe an schmeichlerischen Reizen besitzen, zum Lobe des Gegenstandes auf. Der Maler überließ sich seiner Schilderungslust. Da war z. B. ein seidenes Schwarz in der Robe, da waren weiße Spitzen, da ein weiches Fell, in dem das Schwarz-Weiß wiederkam, usw. Womöglich liebte der Maler nicht den Gegenstand, der ihm aufgetragen wurde, aber schon der Schwarz-Weiß-Kontrast, den er hervorlockte, entschädigte und entschuldigte ihn. Man schmuggelte auf solchen Wegen die Kunst, d. h. das malerische »beau morceau«, in das Bild, natürlich ohne selbst den Schleichhandel zu ahnen. Jetzt bricht Renoir mit dem »beau morceau« und überträgt den Gegenstand en bloc in seinen Kristall. War die Tischdecke so? Gab es je solche Gardinen? Glichen wirklich die Demoiselles der Puppe auf dem Schoß? Waren sie etwa trotzdem ähnlich? – Ja, trotzdem, wahrscheinlich sogar ähnlicher als andere Bildnisse der Dargestellten, weil der Betrachter, wenn er die Übertragung duldet, keiner Kontrolle der Einzelheit mehr bedarf. Dann mag er die ländliche Bürgerlichkeit haarscharf getroffen wiederfinden, und die Figuren gewinnen alle nur wünschenswerten Eigenschaften der Töchter des Hauses.

Wir erkennen in der Übertragung das Erfinderische, dessen Wirkung wir schon beim Vergleich der kleinen Durand-Ruel mit dem Whistler fanden. Die Wirkung hat sich jetzt so gesteigert, daß uns der Reichtum mancher früheren Bilder aus fast denselben Gründen überwunden erscheint, die damals gegen Whistler sprachen. Der neue Renoir deckt den Schmuggel in früheren Bildern auf. Diese waren für einen Zweck bestimmt, der ihm nicht mehr genügt, der auch uns nicht mehr genügen will. Wir finden das Stilleben in der »Familie Charpentier« unsachlich, obwohl es sehr schön und sachlich und renoirhaft gemalt war, finden die Blumen am Fenster in Wargemont ungleich reicher, weil sie in demselben Sinne, im Sinne organischer Übertragung, sachlicher sind. An den Pomp im Zimmer von Wargemont reicht kein Luxus heran.

*

Die beiden Werke sind vorgeschobene Posten Renoirs, mit denen er seine Anschauung erprobte. Sie ergeben so reiche Möglichkeiten, daß kleine Lücken in der Realisierung nicht ins Gewicht fallen. Den Tadlern, die den beiden mangelhafte Vollendung vorwarfen und ihnen gefälligere Bilder vorzogen, hätte er mit den Worten unseres Hans von Marées antworten können, die anderen seien noch nicht angefangen. Man rieb sich nicht an stehengebliebenen Differenzen zwischen dem alten und dem neuen Renoir, sondern wies den neuen zurück. Da man weder das, was er verneinte, als Schwindel, noch das, was er bejahte, als Realität zu erkennen vermochte, fehlte das Kriterium.

Noch heute zögert man zwischen den beiden Grenzpfählen der Vision, wenn man nicht beide übersieht. Der eine bezeichnet Renoirs irdische, der andere seine himmlische Liebe. Das helle Zimmer steht den meisten Freunden seiner Kunst immer noch näher, zumal den Malern, die im Bilde nur Akkorde suchen. Selbst die Differenzen zwischen den beiden Seiten können sie reizen, da man sie auszugleichen vermag. Und es ist ein Zimmer, ein zugänglicher Raum, leichter erreichbar als der Waldwinkel mit den Baigneusen; zudem ein modernes Zimmer, ausschließlich mit zeitgenössischen Mitteln gebaut und ausgestattet, mit genial organisierten Mitteln. Aber bei allem Reichtum, bei allem Komfort des Auges, bei aller Kühnheit der Legende, die darin stattfindet, bleibt es ein Zimmer. Es sollten ihm ganze Fluchten von Zimmern folgen, keins von dieser Schönheit noch mit dieser Kinderlegende. Ein Bérard, der seine Töchter für das Puppentum hergab, kam nicht wieder, und schließlich bleibt der Umfang solcher Synthesen beschränkt. Für Renoir war das Bild eine Erholungspause in der Arbeit an dem anderen, und auch für uns ist es ein Intermezzo; wohl ein Probestück für die Baulust des Künstlers, für die Kühnheit seiner Anschauung, für die Fähigkeit des Malers, seinem Genius überallhin zu folgen. Kein andres Werk, auch nicht das »Mädchenbad«, erweist so überzeugend die Einigkeit des Malers und des Künstlers. Frühere Bilder ähnlichen Gegenstandes bleiben so weit zurück, daß unser Begriff von der Eigenheit Renoirs emporschnellt. Das Bild wird immer als originellster Renoir zu gelten haben. Das »Mädchenbad« zeigt, wie viel und wie wenig das Prädikat bedeutet. Wir finden nichts von jener kühnen und folgsamen Malerqualität, aber bewundern eine ganz andere Kühnheit. Die gehärtete Materie verschließt sich dem Liebhaber, nicht dem musikalischen Empfinder. Jeder Genuß, den man mit Schmatzen der Zunge quittiert, bleibt aus; das sind nicht die besten Genüsse. Das primitive Handwerk hemmt die Koloristik und unterbindet nahezu alle Reize des Auftrags. Das Bild nähert sich dem Relief und scheint, obwohl viel einheitlicher als das andere komponiert, in einem nicht belanglosen Betracht fragmentarisch. Renoir hatte einen anderen Betracht im Auge und wollte sich mit dem Bilde darüber vergewissern. Das gelang ihm. Er sah, was er sehen wollte. Mehr war mit dem einen Bilde nicht möglich. Es war auch in seinem Betracht Fragment und konnte sowenig etwas anderes sein wie eine Stoffprobe oder wie der Grundstein eines Baus. Da man bei Renoir am wenigsten auf Architektur gefaßt war, traut man ihm jetzt phantastische Bauten zu. Jeder schöpferische Mensch betätigt sich in verschiedenen Räumen. An dem einen baut er mit der Emsigkeit der Biene, putzt ihn aus, freut sich der begrenzenden Ordnung. Hier pflegt er seinen Intellekt, sieht Leute bei sich, hört, was sie sagen, und jeder Gast findet seinen Platz. Zuweilen wird die Stube zu klein. Und jedes Genie braucht einen anderen, möglichst leeren Raum, um sich zurückzuziehen und in Ruhe die Widerstände gegen die Emsigkeit, gegen den Intellekt, gegen den Putz zu prüfen. Alle großen Künstler hatten die beiden Räume. Man kann oft beobachten, daß das Genie mit zunehmender Reife die zweite Art bevorzugt, und könnte auch in dem von Renoir geplanten Bau ein solches Retiro vermuten. Nichts entsprach weniger seinen Wünschen. Wohl war der Raum, in dem er dreißig Jahre gewirtschaftet hatte, zu voll geworden, und das Gedränge belästigte ihn, aber keineswegs stand sein Sinn nach dem größeren Bau, um sich mehr als früher zu isolieren, sondern im

Gegenteil, um mehr Menschen bei sich sehen zu können. Nicht sein Individualismus, sondern sein Sozialismus suchte Ausdehnung. Wenn bei dem Plan Phantasterei mitspielte, war es die Bestimmung des Raums, die Reliquien einer Gemeinde aufzunehmen, die nur in seinem Geiste bestand. Dies seine nicht zu überbietende Vermessenheit. Die Strafe blieb nicht aus.

Das »Mädchenbad« brachte auf der Ausstellung bei Georges Petit im Jahre 1886 die Lacher zum Bersten. Selbst die Freunde zogen sich zurück. Die Rue Laffitte gab den Maler auf.

Renoir glaubte sich einer Malerrichtung, deren Lücken er erkannt hatte, entziehen zu müssen, aber hatte zu wenig in ihren Reihen gesündigt, um dieser Schärfe der Reaktion auf das Programm zu bedürfen, von dem er wie von einer Verschwörung sprach. In Wirklichkeit wollte er nicht nur vom Impressionismus los, sondern von der Staffelei. Aus dieser Gegend kommt die Welle, die das »Mädchenbad« überflutet und alle Lücken schließt. Es verspricht eine Ausdehnung in das Wandbild. Damit verbinden wir die Wiedergewinnung einer verlorengegangenen Würde der Kunst, und die Aussicht macht uns zu geheimen Mitverschwörern. Es geht uns hier wie mit manchen einst verlachten Werken von Marées. Man glaubt, es bedürfe nur eines äußeren Anlasses, einer Kleinigkeit, um sie in Denkmäler zu verwandeln. Das »Mädchenbad« hat den irrationalen Bestandteil des Monuments, die Hauptsache. Ein Staatsauftrag, glauben wir, hätte genügt, und wir denken uns den Staat als einen vergrößerten Kunstfreund, der seine Kinder malen läßt. Namentlich in der Retrospektive vereinfachen wir den für äußerlich gehaltenen Umstand. Was daran fehlt, ist kein Manko Renoirs etwa, sondern das Unvermögen der Öffentlichkeit, würdiger Denkmäler zu bedürfen. Wir haben recht, den Mangel für eine Kleinigkeit zu halten. Dächten wir nicht so, ließen wir uns auf Untersuchungen ein, so kämen wir bald dahin, an den gegebenen Möglichkeiten jeder Kunst, nicht nur des Wandbildes zu zweifeln.

Der Ruf nach der Wand kommt in vielen Biographien, zumal der nächsten Generation, wieder und wurde schon von Manet angeschlagen, der den Maire von Paris vergeblich um die

Erlaubnis bat, die Stadt mit Wandbildern beschenken zu dürfen. Renoir ist nicht einmal zu diesem Schritt gekommen. Die Stadtväter hätten den Anspruch auf öffentliche Verwendung seiner Kunst noch weniger gewürdigt. Manet versprach ihnen wenigstens plausible Gegenstände, Illustrationen der Stadt, Paris mit eingeschmuggeltem Manet oder Manet mit eingeschmuggeltem Paris. Es wären immer Beiträge eines bedeutenden Individuums geworden, und davor schreckten die Stadtväter zurück. Die Möglichkeiten Renoirs waren für Stadtväter blauer Dunst. Was hätte ihnen der Dekorateur Delacroix bedeutet ohne die geheime Gönnerschaft Talleyrands!

Renoir sah in dem Wandbild keine Gelegenheit, sondern ein Ziel. Er stand in der Blüte seiner Kraft, war durch die Lehren der Natur und des Museums, der kleinen Gilde der Zeitgenossen, der großen, die er sich selbst gewählt hatte, hindurchgegangen. Sein guter Geist und sein Geschick, seine Geschmeidigkeit, sein Tastvermögen hatten ihn zur Reife geführt. Ich will nicht sagen, er habe sich Meister gefühlt. Noch viel später wehrte er nicht nur die blöde Anrede, sondern den Begriff mit sachlichen Gründen ab. Wohl aber fühlte er sich reif für eine alle Kräfte anspannende Aufgabe, reif für das Fresko. Farbe und Form scheinen sich nur zu diesem Zwecke gesteigert zu haben, gespornt von dem Drange eines Bekenners, der aus seiner Umwelt Legenden gewinnt. Auf dem Verein des Volkskindes, das seine Heimat fühlt und ihr dienen will, mit der Meisterlichkeit eines Malers, der alle Möglichkeiten des Pinsels beherrscht, beruht die Bürgschaft. Ein so weitgehendes Versprechen ist in dem Frankreich unserer Tage durchaus einzig. Viele Künstler hat die Steigerung der Form zu einer Vereinfachung geführt, die ihre Malerei für große Flächen geeignet erscheinen ließ, aber die Legende fehlte. Anderen, den meisten, hat der Eklektizismus den Weg geöffnet. Sie hatten die Legende oder glaubten sie zu haben, und das Gefäß lief aus. Keiner vermag die Entwicklung Renoirs, den Aufstieg des Volkskindes zu ersetzen. Das »Mädchenbad« bezeichnet den größten Abstand von dem Porzellanmaler des Anfangs. Mit der Improvisation des flinken Handwerkers kommt man weit, aber nie war mit ihr, auch wenn man sie sich noch so gesteigert denkt, diese Höhe der Abstraktion zu erreichen. Nur, so viel Renoir dazu erwarb, er gab nichts von seinem Wesen auf, und auf seinem Gipfel spürt man noch die Wurzel. Es ist derselbe Mensch. Stellt ihn vor die Aufgabe, öffnet euch ihm, gebt ihm ein Zeichen, laßt ihn die Wände des Festes bereiten, und die Abstraktion wird sich in einen Strom leuchtender Fresken ergießen.

Ein einziger Zeitgenosse brachte eine ähnliche Bürgschaft, merkwürdigerweise kein Franzose. Die Mitgift des Volkskinds war Marées versagt, und infolgedessen erscheint seine Abstraktion weniger zugänglich. Womöglich würden wir sie für unlöslich halten, wenn man ihm nicht zufällig wenigstens einmal Gelegenheit zu Fresken gegeben hätte. Sonderbare Ironie, daß wir mit einem deutschen Beispiel den Franzosen nachweisen müssen, was sie mit einem der ihrigen versäumt haben. Da Marées in dem Moment, als ihm der Auftrag der Zoologischen Station zufiel, noch nicht die Fülle von Legende und Natur aufgespeichert hatte, die er später besaß, kam das Fest vielleicht einen Augenblick zu früh. Später wäre es viel glänzender ausgefallen. Wir wollen nicht die Hypothese ausmalen, was Renoir nach dem »Mädchenbad« zu geben vermocht hätte. Bei ihm war es der psychologische Moment.

Renoirs Besitz war damals so fest in sich begründet, daß er, auch darin Marées ähnlich, gar nicht auf utilitaristische Verwendungen fiel. Darauf hätten die anderen kommen müssen.

Wohl sprach er viel von Fresken, aber so, wie man im Norden von Italien schwärmt. Die Bereitschaft trieb ihn zu keiner Agitation. Und als er kein Gehör fand, kam es zu keiner Empörung. Er akzeptierte die Schickung. Die bis zur Selbstopferung gesteigerte Energie des Deutschen, der sich mit seinen Hesperiden ein Fest ohne Teilnehmer bereitete und bald darauf aus dem Leben ging, war ihm nicht gegeben. Er blieb in der Reihe. Die Anlässe fehlten oder waren nicht stachelnd genug, die den Deutschen außer Landes getrieben hatten.

Kein zweites Werk Renoirs äußert mit derselben Unabweisbarkeit die Forderung. Nun steht er, beladen mit seinen Schätzen, und weiß nicht wohin. Er malt Experimente. Manche Köpfe wirken wie Freskenfragmente, aber es kommt nicht zu groß angelegten Kompositionen. Die Bilder sind meist pastos gemalt und übermalt. Er will die Form stabil und gleichzeitig lose und übt sich, was Marées unterließ, an ungeeigneten Objekten. Keine Baigneusen mehr. Das Nackte gilt als verboten. Seien wir harmlos. Das Statuarische soll, ohne daß man es merkt, in das moderne Kostüm eingeschmuggelt werden. Es gelingt mit dem Liebespaar im Grünen. Die solide Zeichnung und die mit weisem Bedacht konstruierte Farbenharmonie erinnern an die Stimmung des Zimmers in Wargemont; nur tragen die rostroten Töne des Gartentischs tiefere Töne in das Kolorit, und das vermehrt noch die deftige Zuverlässigkeit. Technisch stände der Übertragung des Bildes auf die Wand nichts entgegen. Die durchsichtige Struktur der Pinselschrift hat weitreichende Tragkraft. In dem großen Saal der Sammlung Gerstenberg behält das Idyll, wohin man sich stellen mag, die Leuchtkraft, und damit übertrifft es alle Bilder des mit Meisterwerken überfüllten Raums. Aber es fragt sich, ob diese Tragbarkeit des Kolorits unbedingt als künstlerischer Gewinn zu werten ist.

Liebespaar im Grünen, 1885.

Verdient der Gegenstand die erhöhte Sichtbarkeit? In dem gleichen Saal hängt das bekannte Revolutionsbild von Daumier, der sogenannte »Aufruhr«, die in einer Gebärde gesammelte stürmende Menge, und es entgeht uns nicht, wie anders dieses Drama, das man sich als Riesenprospekt denken könnte, die Forderung des Wandbildes erfüllt, wie wenig die moderne koloristische Appretur, die ihm abgeht, zu der Größe gehört. Der Renoir leuchtet, aber zündet nicht. Dramen Daumiers waren nicht Renoirs Sache, aber das »Mädchenbad«, obwohl ebensowenig dramatischen Ursprungs, hatte die große Gebärde. Das Liebespaar interessiert nicht genügend, und die Fernsichtigkeit macht den Mangel fühlbar. Denkt man an ein Liebespaar Manets, z. B. »Chez le Père Lathuille«, sinkt das Interesse an dem Renoir noch um merkbare Grade. Der Manet packt uns. Mag die Erregung einen Moment dramatisieren, der nicht für Kinder und Kindeskinder reicht, uns erfüllt er. Man entzieht sich nicht dem Schwung der Szene. Gewiß nur ein Vorwand, um alle Äquivalente spielen zu lassen und um einen durchaus vergänglichen Augenblick leibhaft festzuhalten; nicht lyrisch, nicht einmal geistig, fast ein genialer Filmtrick, aber von blitzender Wirkung. Das Gewollte wird mit einer solchen Maestria erreicht, daß wir nicht nach der moralischen Berechtigung des Aufwands fragen. Renoir empfindet geruhsamer, aber vor dieser Gelassenheit warnen uns geheime Zweifel und die Erinnerung an verstaubte und vermoderte Sinnigkeiten. Wäre es nicht etwa bequemer, die beschauliche Stille vorzuziehen, um das Wagnis des anderen zu vermeiden? Um auf Manet verzichten zu können, müßte eine breitere Gegenwart den zugespitzten Augenblick ersetzen, und das belanglose Liebespaar wäre nicht nur von weitem sichtbar, sondern weit wirkendes Symbol. Überwindet die Legende Zeit und Raum, dann freilich erübrigen sich alle Äquivalente, mit denen ein kühner Maler einen immer begrenzten Zustand festzuhalten wagt. Das versagt Renoirs Paar. Man darf nicht an das Mädchenbad denken, auch nicht an das Zimmer von Wargemont. Die Szene ist kein Kristall. Der gehaßte Impressionismus kommt wieder, wohl nicht in der gleichen Form, durchaus nicht, vielmehr ein gereinigter, entsühnter Impressionismus, konsolidiert, aber mit dem Schwindel ging ein Teil der Regung davon.

In der Mutter mit dem Kind an der Brust rundet Renoir die Erscheinung zum Puppenhaften, aber da die Farbe nachläßt, erscheint die runde Behäbigkeit als Übertreibung. Ein rundes, vom Hut überrundetes Gesicht, ein säulenförmiger Hals, eine kugelige Brust, ein aus allen möglichen Rundheiten gebildetes Baby. Die erste, unvollendet gebliebene Fassung ist eine mit dem Pinsel gemachte Zeichnung, und in der zweiten bleibt die Farbe äußerliche Zutat. Ein Karikaturist könnte verlockt werden, die Gruppe mit mathematischen Kurven nachzubilden. Erst dreißig Jahre später sollte die endgültige Form des Bildes gefunden werden.

In der Landschaft mit dem ballspielenden Mädchen unterlag der Maler vollends der Spekulation des Zeichners. Die Figuren wurden mit größter Genauigkeit detailliert und dann in bunte Lokalfarben gekleidet. Die dünne Landschaft tut nichts zur Sache. Man könnte die Figuren ausschneiden. Jede Linie der schlimmen Mode der achtziger Jahre wird verewigt, und nun hat man wirklich Puppen vor sich, mechanische Kleiderpuppen. In der Sammlung Barnes hängt ein Bild derselben Zeit, in dem umgekehrt die Bäume und das Blattwerk genauestens detailliert und das Figürliche – dieselbe Mutter mit dem Kind und ein Dienstmädchen – nur angedeutet wurde. Es steckt in solchen Bildern etwas von der spleenigen

Nüchternheit der Grande Jatte von Seurat, nur fehlt die Überlegenheit. Die Komik kommt nur zu unfreiwillig zustande.

Dies der Erfolg des stolzen Aufstiegs. Die Kurve sinkt unter das Niveau des Debutanten. Die Zirkusbilder von 1866 sind Meisterwerke daneben. Der Dichter der Grenouillère scheint vertrocknet.

Ich übertreibe nur insofern, als ich besonders bezeichnende Bilder der Periode nicht verschweige. Gewiß kommt ihnen in dem Riesen-Œuvre keine numerische Bedeutung zu, und es gibt auch in diesen Jahren neben ganz verfehlten Dingen glückliche Momente. Immerhin überwiegen die mindestens unsicheren Leistungen. Renoir hilft sich mit einer summarischen Derbheit, wie in dem »Kind mit den Garben«, um eins von vielen Beispielen zu nennen, aber erreicht nicht annähernd die malerische Fülle früherer Bilder. Die Legende Frauenliebe und Leben scheint geknickt.

Wir haben mit dieser Phase zu rechnen, wäre es auch nur, um dem »Glückskind«, das nicht zufällig oder fahrlässig in diese Lage geraten war, gerecht zu werden. Selbst ein Renoir, der am meisten gefestigte unter den Künstlern seiner Generation, das blühendste Talent und die denkbar günstigste Mentalität, von einer anormal vorteilhaften Genesis getragen, strauchelt, weil die Mitwelt versagt.

Die Periode der ganz verfehlten Werke beschränkt sich auf das Jahr 1886. Dann hebt sich wieder die Kurve, nur in ganz anderem Tempo, als sie niedergegangen ist. Langsam regeneriert sich Renoir, weniger auf neue Gewinne als auf Verminderung der Verluste bedacht. Der Heilungsprozeß bis zur Überwindung der letzten Spuren hat nicht weniger als fünfzehn Jahre gedauert. Fünfzehn Jahre voller Zweifel und Entmutigung,

Die Töchter des Catulle Mendés, 1888.

nicht ohne Werte, aber ohne sicheres Niveau. Man muß alt werden, um solche Stadien zu überleben.

Die ersten versprechenden Zeichen sind Intérieurs. Er hat wiederholt die beiden Töchter seines Freundes Lerolle gemalt, lesend oder am Klavier. Das Klavier wird eine Zeitlang beliebtes Requisit. Mit den Töchtern des Catulle Mendés, von 1888, erschien Renoir 1890 zum erstenmal ausnahmsweise im »Salon«, dem er seit 1883 ferngeblieben war. Er hielt das Bild für ein repräsentatives Exempel seiner Erneuerung. Es ist ein Salonbild, läßt das Können sehen und stellt keine übertriebenen Anforderungen an den Betrachter. Ein Hauch von Resignation liegt darüber, die durchgeistigte Zartheit eines Rekonvaleszenten. Der Besucher des »Salon« wurde nicht gezwungen, stehen zu bleiben. Tat er es doch, konnte er aus einer zufälligen Zwiesprache, die ganz in den normalen Verkehrsformen blieb, einen seltenen Eindruck davontragen. Die drei Mädchen entsprechen in den Altersstufen ungefähr den dreien in Wargemont und haben sonst nur Äußerlichkeiten gemein, geeignet, die Unterschiede hervorzuheben. Das Milieu hat sich verändert. Es sind Räume von fast entgegengesetzter dekorativer und psychologischer Wirkung. Der Schleier um den Kristall modifiziert alles. Natürlicher Vater der Kinder Bérard war ein Lyriker, der sich herausnahm, die Mädchen mit Puppen anzureden. Wahrscheinlich stand er dem Hause Catulle Mendés nicht ebenso nahe. Der Dichter Renoir tritt einen merkbaren Schritt zurück. Das Typische beschränkt sich auf die natürliche Ähnlichkeit der Kinder einer Familie und gehört zum Gegenstand des Porträtisten. Er will nichts anderes sein oder stellt sich wenigstens so. Die Mädchen spielen Damen. Das fiel den anderen nicht ein oder es wurde von dem Maler kurzerhand unterdrückt. Diesen hier läßt er das Vergnügen. Seine Nachgiebigkeit verringert die Möglichkeiten des Stils, aber schließt es nicht aus, zwingt ihn nur, um so versteckter zu spielen. Die kühle Gelassenheit der salonhaften Posen wird kaum merkbar persifliert. Hinter dem Ernst des Porträtisten steckt ein Lächeln. Der Maler hält sich schadlos. Die Verschleierung der Synthese erlaubt ihm, mehr als je auf die Verschiedenheiten der Materien einzugehen. Er malt das Weiß der Kleider oder vielmehr die Weiß, denn es gibt ihrer viele, mit großer Virtuosität. Man fühlt das Gestärkte in dem blitzenden Batist. Die hellbläulichen und hellrosa Begleittöne mildern und bereichern. Im Kleide der Klavierspielerin sitzen blaue Tupfen darauf, ähnlich wie bei der ältesten Bérard, aber was dort primitive Punktierung blieb, wird hier mit den reichen Tönen des zweiten Plans verwebt. Das Fleisch hat zarteste Konsistenz. Die Köpfe umgibt rotblonde Flut. Die Gelb und Rot des Haars vertiefen sich in dem leuchtenden Holz des Klaviers. Das aufgeschlagene Notenheft wird ein viertes Gesicht. Ein blendendes Stück Malerei, aber auch kaum viel mehr. Der Raum ist kleiner als in Wargemont, und das gilt in jedem Sinne, dafür vorsichtiger organisiert, frei von den bei der kühnen Übertragung des Zimmers in Wargemont vergessenen Resten.

Vorsichtig geht er in dem Bildnis der Mme. de Bonnières einen Schritt weiter. Die überschlanke Gestalt in himmelblauem Kleid sitzt vor einer roten Wand. Das blasse schmale Gesicht ist genau gezeichnet, ebenso die wenigen Möbel, der Tisch und die Konsole mit dem Blumenbukett, das wie gewöhnlich die Farben des Bildes angibt. Den Farben fehlt alle Tiefe. Das Motiv spielt in sehr hellen und wenig bewegten Tönen, aber es ist, als habe Renoir, nachdem das Bild die äußerste Glätte erreicht hatte – vielleicht die fatale Glätte der Präraffaeliten –, einen Schleier aus warmem Grau darüber gezogen. Dieser umhüllt das Blau des Kleides, die Möbel mit ihren bunten Einlagen, das Gelb der bronzenen Verzierungen und das Rot der Wand und umgibt die schmächtige Gestalt mit Atmosphäre. Man gelangt nicht leicht in ein Verhältnis zu dem Bildnis, am wenigsten wenn man von den strahlenden Geschöpfen des alten Renoir kommt, die sich der Übertragung in die malerische Form wie einer Liebkosung hingaben. Ich mochte das spröde Bild zuerst gar nicht, fand es fade und von einer säuerlichen Süße, die solchen Zimmern mit eingelegten Tischchen und Konsolen eigen ist. Die gläserne Eleganz stieß mich ab. Allmählich stellt man sich auf die dünne Atmosphäre ein und findet Nuancen. Aus den säuerlich süßen Farben werden psychologische Perspektiven absonderlicher Art. Eine neue Seite des Weiblichen für die Frauengalerie. Das verschleierte Grau gleicht dem kaum merkbaren Grund hinter den minutiös gezeichneten Gestalten eines Flaubert, der ihre Kahlheit mit einem Schimmer umzieht. Renoir behauptete später, er habe das Bildnis nur mit Widerwillen und unter Qualen gemalt, weil Mme. de Bonnières farblos gewesen sei und alles aufgeboten habe, um noch blasser und schmaler zu erscheinen. Nachher habe er auf ein paar Wochen nach Spanien fahren müssen, um sich von den Strapazen zu erholen. Man glaubt ihm gern die Mühen bei der Aufgabe, aber diese rührten von seiner Auffassung her und von seiner fast krankhaften Zurückhaltung. Der retrospektive Zorn galt mehr seiner freiwilligen Schinderei als dem Modell. Offenbar verlangte es ihn damals nach solchen Strapazen, denn das Porträt der Mme. de Bonnières ist nur das extreme Glied einer ganzen Kette von ähnlich gesäuerten Bildern. Die Zeit hat den Eindruck der Abstinenz noch wesentlich verschärft. Die Farben sind arg zurückgegangen und haben das Kolorit, das er ihnen mit äußerster Anstrengung zu geben vermochte, eingebüßt. Es liegt zum Teil an der materiellen Trockenheit der Pigmente. Trotz des Verzichts auf freskenhafte Komposition suchte Renoir immer noch unter dem Einfluß des Cennino Cennini nach einer möglichst freskenhaf-ten Technik und hielt das Öl für den Feind. Er begnügte sich mit viel zu geringem Zusatz. Am liebsten hätte er die ganze Ölfarbe aufgegeben. Die Trockenheit beeinträchtigt in verschie-denen Graden die meisten Bilder der fünfzehn mageren Jahre. Zumal den Studien des Nackten ist sie gefährlich geworden. Während er malte, entging ihm das Unheil. Manchmal genüg-ten schon wenige Jahre für eine merkbare Veränderung, und heute sehen viele dieser Bilder wie von der Sonne ausgeblichene Vorhänge aus.

Auch das Bild im Luxembourg »Au Piano« mit den beiden Mädchen geriet aufs Trockene. Es erinnert nicht eben vorteilhaft an die Töchter des Catulle Mendés. Die wohl vorangehende Fassung bei Durand-Ruel, nach der Natur gemalt, ist viel frischer, und auf derselben Höhe steht das Exemplar der Samm-lung Fürstenberg-Cassirer, Berlin. Noch schöner die stark ge-kürzte Variante bei Guillaume, die das Mädchenpaar ohne alle Zutaten gibt und vielleicht den Anfang machte. Dem Wohl-klang der Farben hat die Zeit wenig oder nichts entzogen. Ähnlich die Komposition des Pastells, eine Perle Renoirs. Hier hat der Zeichner mit farbigen Stiften den ganzen Reiz des alten Renoir zurückgewonnen und ihn um die ganz unromantische Struktur vermehrt; die Partitur eines Musikers der guten Schule, durchsichtig und klingend. Zugunsten der Spontaneität wird auf psychologische Nuancen verzichtet und mehr an das Bild als an das Bildnis gedacht. Der Rhythmus siegt. Man glaubt Renoir schon über den Berg. In der Variante des Luxembourg zögert er wieder, detailliert, kompiliert, putzt das Zimmer und verliert den Schwung. Der großen Portiere raubt der Mangel an spielenden Konstrasten das Stoffliche; das Klavier mit dem toten Holz und vorn das Stück Sessel belasten den stickigen Raum. Man möchte ein Fenster öffnen. Weniger werden die beiden Mädchen betroffen, aber auch sie leiden in der trocknen Luft. Schön der Raum jenseits der Portiere. Man glaubt, in ein Prachtgemach Delacroix' zu blicken. Ein Blick in die Zukunft Renoirs.

Au Piano, 1892.

DIE FORM WIRD GEÖFFNET

Renoirs Werdegang gleicht einem Organismus, der sich in regelmäßigen Abständen öffnet und schließt, um Nahrung aufzunehmen. Der Porzellanmaler, die unterste Stufe, führte eine sozusagen vegetative Existenz ohne geistige Sendung. Die Funktion des Nachahmens geht nur den Finger an. Der Künstler beginnt mit einer festen Form. Das Feste rührt von der Geneigtheit des Anfängers her, das Nachzuahmende, sei es Natur oder Kunst, als Begriff anzusehen. Dann regt er sich, und die Regung lockert das Feste. Es kommt die Zeit, da er entzückt die Welt umarmen, in die Menschheit zerfließen möchte. Leuchtende Flocken seiner Wonne tanzen in der Luft, lassen sich nieder, wo der Wind will. Die Form stützt sich auf die Zuversicht des Empfinders. Das Bewußtsein meldet sich, mit ihm das Mißtrauen, nicht auf die anderen, denn die Welt ist gut, nur auf sich, auf seine mangelhafte Hingabe. Um sie zu vertiefen und der Regung Gewicht zu verleihen, zieht er die Flecken zusammen, reinigt sich und erhebt den Hymnus. Man lehnt ihn ab, ein harter Schlag, aber es fällt ihm nicht ein, gegen den Stachel zu löcken. Er hat es nicht gut gemacht, darum muß er nachgeben, aufmachen, wieder geschmeidig werden. Dann wird man sehen.

Es klingt einfach: eine Form öffnen und schließen. Man sitzt in seinem Stuhl und stellt sich's vor. Alles auf diesem Gebiete ist Vorstellung. Die Metapher gleitet gefällig und vermeidet die Tiefe des Phänomens, z. B. die Antwort auf die Frage: wie oft noch? Schließlich wird Kraft verbraucht. Woher kommt sie? Nicht jedesmal trägt man Gewinn nach Hause. Die Quote der

Amortisation bleibt unberechnet. Wächst das Ganze? Die neuen Höhen stehen da, wo es früher Untiefen gab, aber die alten Höhen verschwinden. Nur das fällt ins Auge. Das Neue ist immer ungewiß, wenigstens für die Zuschauer. Renoir dachte kaum anders. Er unterschied sich von seinen Freunden nur durch das Vermögen, die früheren Höhen, die sie überschätzten, nüchterner zu werden. Wohin er treiben würde, blieb ungewiß. Das unbedingte Selbstvertrauen des Stürmers, der die Brücken hinter sich verbrennt, fehlte ihm. Wer ihn in den neunziger Jahren über sich reden hörte, konnte glauben, einen Schwimmer vor sich zu haben, der nicht weiß, an welches Ufer er sich retten soll. Er hatte damals sein Atelier neben einem jungen Maler, der ihm an Zuversicht weit überlegen war und in der Pariser Gesellschaft eine Rolle spielte. Sonst hatte er wenig zu bieten. Zu dem kam Renoir manchmal in heller Verzweiflung ins Atelier gestürzt, weil er nicht imstande sei, auch nur einen Ton richtig auf die Leinwand zu setzen. Bankrott – der Ausdruck im Französischen war derber. – Der Dandy nahm die Eröffnung mit Nachsicht und ohne Überraschung entgegen. Beinahe hätte er dem Zerknirschten die Töne beigebracht.

Es dauerte, bis die Lösung gefunden war oder bis sie sich darbot, denn wahrscheinlich hat allein schon die Energie des Suchenden das Ventil verschlossen gehalten. Was Renoir half, war sein die Form überwuchernder Wille zum Dasein. Vor allem leben! Er konnte nicht mit dem Schädel in der Hand dasitzen. Vor allem malen! Immer wieder speicherte sich die Kraft, mochte er inzwischen allen Salonlöwen seine Impotenz versichern, und immer wieder riß der Drang nach Erlebnis die künstlichen Dämme ein. Die Intervalle zwischen Öffnen und Schließen werden kürzer, und bei einer dieser Gelegenheiten kommt das Neue ganz von selbst zustande. So vollziehen sich in einem Gemenge wer weiß wie tief unter der Erde infolge einer zufälligen Erschütterung lang vorbereitete Kristallisationen.

Das geschah in den ersten Jahren des neuen Jahrhunderts. Von etwa 1895 an mehren sich die Zeichen. Die Sammlung Barnes ist besonders reich an Werken dieser Übergangsepoche. Der große liegende Mädchenakt geht der großen Reihe ähnlicher Motive voran; endlich wieder eine Nackte, und schon sie überwindet annähernd die Trockenheit. Noch verbindet sich die Gestalt nicht vollkommen mit der Umgebung. Es kam dem Maler mehr auf die Form als auf die Atmosphäre an, aber die räumliche Gewalt der Gestalt läßt den Mangel geringfügig erscheinen. Mit den beiden Panneaux in Hochformat desselben Jahres meldet sich zögernd der Dekorateur, dem später ein nicht geringer Anteil an der letzten Lösung zufallen sollte, und den Renoir, während er sich mit seinen Intérieurs quälte, vergessen oder für unzulässig gehalten hatte. Er läßt sich noch lange nicht gehen, hält fast ängstlich an der Statik der kostümierten Figuren fest, aber die Kringel darunter sind ein versprechendes Signum. Man sieht den Weg zu den beiden prachtvollen Panneaux mit kränzetragenden Mädchen, die er um 1900 für sein Haus in Essoyes malte und in die Wand einließ. Die Gedrungenheit der Körper ist geblieben, aber schwingend geworden. Wir sind noch nicht so weit. In das Jahr 1896 fällt das große Familienbild der Sammlung Barnes, die Mutter mit den beiden ältesten Söhnen, der Bonne Gabriele und einem Mädel aus der Nachbarschaft, eins der verfehltesten Bilder des ganzen Werkes. Die bunte Sonntäglichkeit dieser Familie macht einem die Ehrfurcht nicht leicht, und man möchte vermuten, daß Renoir selbst nach ein paar Jahren die Sache komisch fand. Das Abstruse liegt in der Harmlosigkeit der Komposition: fünf Menschen, fünf Kleider, fünf Farben. Die Farbe unterstreicht

Familie Renoir, 1896.

das Durcheinander. Das Bunt am stärksten in der Hauptperson. Der Erdbeerton in dem weißen Corsage, dazu der giftgrüne Hut mit den grün-roten Schleifen und den mohnroten Blumen. Das Auge streikt. Möglicherweise gäbe der Hut, ausgeschnitten, ein Prachtstück. In dem Gemälde wirkt er wie das allzu prächtige Mittelstück einer Geburtstagstorte. Nach längst aufgegebenem Rezept wird mit dem Schwarz ein summarischer Aufbau versucht; mit dem Rock der Mutter und dem Blauschwarz des Matrosenanzugs, mit dem Haar der knienden Gabriele, die schwarz wie der Teufel war, und mit ihrem Rock unter der weißen Schürze. Auch ein besserer Aufbau würde bei den Zumutungen dieses Naturalismus nicht halten. Nehmen wir an, es war die Krisis.

Man könnte die Riesenentgleisung mit dem Hinweis zu erklären suchen, daß er der Bescheidenheit oder Unbescheidenheit solcher Ansprüche entwachsen war und seine Kunst nicht mehr als Mädchen für alles verdingen wollte; aber es handelt sich um ein höchst freiwilliges Familienbild, in einem selbst gewählten Format. Und Renoir wußte nichts von Ansprüchen der Muse, noch weniger von den eignen. Wohl beunruhigten ihn damals keine Geldsorgen mehr. Seine Bilder – nicht die, an denen ihm am meisten lag, sondern die der sogenannten Glanzzeit – fanden begrenzten Absatz, genug für seine Bedürfnisse. Nichts lag diesem Arrivierten ferner als irgendein Hochmut, sei es auch nur der im Bilde. Die Bescheidenheit seiner Ansprüche an das Motiv hat mit dem Alter eher zugenommen und sich in den letzten Jahrzehnten beinahe ins Maßlose gesteigert. Wenn es einer geschickt anlegte, gab er seinen Pinsel zu jedem Bildnis her. Wunderte man sich, zuckte er die Achsel wie der Handwerker, dem über die Launen der Kunden kein Urteil zusteht. Er meinte, solche Aufträge, auch wenn sie sonst nichts einbrächten, hätten ihr Gutes für die Übung. Also wird er wohl auch das bunte Familienbild zur Übung gemalt haben, nur zur Übung, ohne den Gestalter zu beteiligen. Der dachte unterdessen an andere Dinge. Zur Übung wiederholt er manche Motive früherer Zeiten, so die Muschelfischerinnen von 1879. Das Format wurde auf ein Drittel verkleinert und der Breite soviel zugelegt, daß die Figuren nicht von den seitlichen Bildleisten berührt werden, ein merkbarer Vorzug. Die Komposition bleibt, aber erhält ein ganz anderes Kolorit. Statt des fremdartigen emaillehaften Prunks, der viel zu schwer war, wird für die Wiederholung eine durchsichtige Technik, die dem Aquarell nahekommt, genommen, und nun ist die Gruppe tragfähig genug. Von 1891-96 sind außer der großen Baigneuse bei Barnes mehrere andere entstanden, flüssiger gemalt als die um zehn Jahre älteren. 1897 kommt das schlafende nackte Mädchen der Sammlung Stang hinzu, einer der letzten Versuche mit einer weit getriebenen Modellierung und glänzend gelungen. Im vorhergehenden Dezennium führten die einzelnen Baigneusen zu dem »Mädchenbad«. Der Turnus wiederholt sich, aber während Renoir damals mehrere Jahre dem einen Bilde opferte, entstehen jetzt in kurzer Zeit drei oder vier Kompositionen mit badenden und sich balgenden Mädchen im Freien. Sie hängen alle mehr oder weniger eng mit dem alten »Mädchenbad« zusammen, auch wenn sie zum Teil auf neuen Kompositionen beruhen, so das schöne Bild in der Sammlung Coe in Cleveland und das mit den vier nackten Mädchen am hügeligen Ufer, alle um 1897. Keins erreicht die Großartigkeit des alten Werkes. Dafür verliert die Materie die Starrheit, die dem Pathos angemessen war, und folgt flüssiger mit ungleich reicherer Palette und stärkeren Intervallen zwischen Hell und Dunkel der Bewegung. Das farbentrunkene Bild der Sammlung Prince

Wagram kommt dem Urtyp näher, aber nicht der endgültigen Fassung, sondern einem der ersten Entwürfe mit den sieben Figuren. Das sich sträubende Mädchen mit den strampelnden Beinen wird fast wörtlich übernommen. Es erhält eine Gespielin, die sie ins Wasser drängt. Dort warten die beiden Mädchen; die eine, die mit der Hand im Wasser droht, wieder eine alte Bekannte. Reiche Pläne öffnen die Szene nach der Tiefe. Die zentral komponierte Landschaft umhüllt sie. Die Palette wuchert.

1901 hat Renoir das »Mädchenbad« selbst noch einmal vorgenommen, und zwar im Format des alten Werkes, aber nicht nach der endgültigen Fassung, sondern nach der vorher entstandenen und aufgegebenen Zeichnung, auf der die Mittelfigur in die Tiefe greift. Die Gründe, warum er auch jetzt noch die unübertreffliche alte Komposition vermied und auf Stadien, die ihm damals unzulänglich erschienen, zurückgriff, liegen auf der Hand. Für die geöffnete Form erwies sich die abschließende Gebärde der Mittelfigur, der kostbarste Teil des ersten »Mädchenbads«, als unbrauchbar. Er hatte in den vorigen Kompositionen, auch in der Fassung mit den sieben Figuren, das Barock nach einer spielerischen Tonart hin entwickelt, die man vergleichsweise Rokoko nennen könnte. Das reute ihn. Er wollte das Barock nicht preisgeben, aber mildern. Um die gelöstere Bewegung wieder zu festigen, suchte er einen vereinfachten Hintergrund, verzichtete auf das Spiel der Landschaft und ersetzte es durch ein summarisches Schummern von Blättern um einen Baum in der Mitte. Es kommt zu einem Kompromiß. Das Bild erhält mehr Wärme und Atmosphäre, aber diese Vorzüge, die in dem alten »Mädchenbad« nicht entbehrt werden, verringern die Würde des Bildes. Die Wärme macht lau. Man will einem Fresko nicht näherkommen. Die Staffeleibildform des alten »Mädchenbad« war ein Notbehelf, den wir übersahen. Was die dummen Zeitgenossen unterließen, holen wir in Gedanken nach und tragen das strahlende Barock in die Kuppel unseres Pantheon. Der Versuch, das Bild in die Zirkulation zu bringen, konnte nur zu Teilresultaten führen. Der Renoir, der über das »Mädchenbad« hinausgelangen wollte, bedurfte eines ganz anderen kompositionellen Gefüges. Das Barock mußte in einen größeren Stil übergehen.

Bis dieser gefunden war, versagen die großen Formate. Die »Promenade« bei Barnes, von 1898, obwohl dem Familienbild überlegen, ist eine zu groß geratene Improvisation, und den drei Mädchen mit dem Stickrahmen fehlt etwas von Renoirs lockerer Improvisation. Immer noch ist Renoir des Weges nicht sicher. In dem Hauptwerk von 1900, der »Sortie de Bain«, der Sammlung Bernheim Jeune, werden die umfangreichen Flächen nicht ganz gebändigt. Namentlich das Rot der Dienerin läßt aus. Man möchte dem Bild die Struktur sichtbarer Pinselstriche oder bewegte Details wünschen, aber vergißt, daß solche Mittel Renoir gezwungen hätten, zurück statt vorwärts zu gehen. Auch die beiden Damenbildnisse derselben Sammlung, 1901 datiert, scheinen zu groß, und dasselbe gilt von den beiden lebensgroßen Pendants bei Barnes, Junge und Mädchen, auch noch von vielen anderen. Es gibt gerade in dieser Zeit auffallend viele große Formate. Sie sind zu der »Übung« zu rechnen. Renoir wird ihrer dringender bedurft haben, als wir zu erkennen vermögen.

So viel hat der Einschnitt gekostet. Die lange Spanne wäre anders ausgefüllt, wenn man damals den Baigneusen erlaubt hätte, fruchtbar zu werden. Wir haben nichts Besseres als der Hauptbeteiligte zu tun. Die geträumten breitgeästeten Bäume, die das vernachlässigte Gelände verweigerte, brauchen uns nicht den Genuß an den Blumen neben dem harten Wege zu verderben; ganz abgesehen von unserer Unfähigkeit, zu wissen, ob ohne diese fünfzehn mageren Jahre die fetten fünfzehn, die nun kommen, so gut ausgefallen wären. Und die Blumen am Wege sind ungleich zahlreicher als die großen Formate, auf die der Kritiker achten zu müssen glaubt. Die Jahre um 1900 sind mit gelungenen landschaftlichen Motiven übersät. Viele Pastelle und Aquarelle entstanden in der mageren Zeit. Im Pastell, das er schon in früher Zeit meisterhaft beherrschte, vollzogen sich die Übergänge reibungslos, und von der Verhärtung der Form wird nichts gespürt. Allein mit dem, was Renoirs Laune dem Papier anvertraute, obwohl ihm seine Liebe zur Malerei nur Ausnahmen gestattete, kommt ein stattliches Œuvre zustande.

Es steht dahin, wie er über das Öffnen der Form gedacht hat. Äußerungen über problematische Dinge, solange er sich mit ihnen herumzuschlagen hatte, beschränkten sich auf Interjektionen, und nachher hatte er sie vergessen, oder tat so. Sein gutes Recht. Uns verlockt die unübersehbare Ernte der reichen Jahre, es ebenso zu machen, und wenn wir widerstehen und die Bewunderung des Ziels mit Gedanken an den Aufstieg sättigen, geschieht es nicht aus Alchimie oder um uns an der Anstrengung zu laben und eine Gerechtsame für die Passage des Genius zu quittieren. Er kam immer noch leicht genug davon und fand es noch um vieles leichter, als es war. Wenn wir an seine Stationen denken, geschieht es, weil wir auf diesem Wege dem Menschen hinter seinen Bildern näher kommen. Natürlich war die Öffnung der Form eine menschliche Angelegenheit, Erschließung eines weiteren Gelasses für die anderen. Er strafte die undankbare Gemeinde, die seinen Bau zurückgewiesen hatte, mit noch fürstlicheren Geschenken.

DIE REIFE

Eine andere Lebensgeschichte Renoirs ist nicht vorhanden. Sein persönliches Dasein hängt so eng an dem Werk, daß man die abstrakt klingenden Kapitelüberschriften dieses Buches durch die erreichbaren Daten der Biographie ersetzen müßte, um seinen Lebenslauf zu erzählen. Etwa so: der Junge, der Verliebte, der Ehemann. Dann könnte man die Namen der drei Söhne nehmen, Pierre, Jean und Claude. Zu seinem Schmerz blieb das Mädchen aus. Die Söhne kamen in längeren Abständen zur Welt und bezeichnen die wichtigsten Strecken des Weges; Pierre den Hymnus mit dem Mädchenbad, Jean das Aushalten in den dürren Jahren. Claude, der spät geborene Liebling, bekam den besten Teil. Übrigens wäre solche Nomenklatur kunsthistorisch recht und billig, denn das Datum manchen Bildes wurde an der Hand dieses Leitfadens bestimmt.

Als Renoir in dem kleinen Claude ein malbares Gesicht entdeckte, das war um 1902, hatte er gewonnen. Ob ein kausaler Zusammenhang besteht, weiß ich nicht. In so einem Dasein ist alles möglich. Die neue Phase scheint ihre anfangs viel umstrittene Eigenart zunächst mehr der Farbe als der Form zu verdanken. Ein sehr flüssiges und bis zur Buntheit gesteigertes Kolorit mit dem Rot als Basis, gar keine aus der Natur unmittelbar abzulesenden Lokaltöne, nichts von gewohnten Äquivalenten der Materie. Das Objekt wird auf eine durchaus willkürliche Skala übertragen. Die Farbe erinnert unterflächlich an frühere Perioden. Sie steckte in dem schimmernden Dunst der berühmten Glanzzeit, wurde von der Robustheit des nächsten Jahrzehnts gehemmt und war unter dem Schleier, der dann kam, allenfalls zu ahnen. Damals verdünnte sie sich, aber wenn sie floß, schien sie wegzufließen, und nur die Zeichnung hielt. Namentlich große Flächen blieben kahl. Jetzt gleicht sie einem durchsichtigen Gebirgsfluß, den das bunte Kiesel-Mosaik auf dem Grunde ständig verändert. Wie kommt Gestalt in das Bunt? Die Flächen klingen wie klug zusammengestellte Edelsteine, nur kommt man nicht hinter die Klugheit. Bäche funkelnden Lichts berieseln die Leinwand. Nichts in dem phantastischen Fluß läßt sich greifen. Renoir wird Kolorist. Man könnte glauben, er habe alle Begriffe von früher in einem Bad von glühenden Farben gelöst, und als genüge ein Tropfen dieses Produkts, um uns alle Herrlichkeiten seiner Vision vorzugaukeln. Was früher das junge Fleisch, die gekrausten Lippen, die schwellenden Brüste sangen, das bringt jetzt allein ein leuchtendes Rosa hervor. Ein Rosa wie Pfirsichhaut oder das Silber im Fleisch der Erdbeere. Wo es rot wird, öffnen sich frische Tomaten. Das Blau südlichen Himmels, den keiner wie Renoir sah, zuweilen heller Saphir oder matt wie seltene Stückchen ungetragener Türkise. Alle seine früheren Blau, meint man, hatten zu viel oder zu wenig Bläue. Das Grün hat den Schatten des Waldes abgestreift. Ein Gelb von Safran bis zur dunkelsten Zitrone, oft helles Bernstein, oft schimmerndes Goldquarz, immer fließend und manchmal mit Spuren von Rot gemischt, gleich frühen Blutorangen, die man pellt. Nichts Dunkles oder Trübes, kein Braun, wenig Mischfarben. Chevreul könnte bei der Palette geraten haben. Einsicht in das Wesen der Pigmente und Voraussehen des Wachsens auf der Leinwand haben mitbestimmt.

Diesen Bildern droht kein Verfall. Sie können nur schöner werden.

In dieser Zeit, als sich Monet längst verloren hatte und die anderen ihren Stiefel weitermalten, wurde er wenn je Impressionist und mit der Begeisterung des ersten Entdeckers. Nur nicht Sonnenfex, nicht geduldige Netzhaut, er ist der Geber. Aus ihm heraus bricht das Licht. Der Kristall, der das Zimmer in Wargemont erhellte, ist gewachsen. Damals hatte er ein paar Flächen, hinreichend für das robuste Motiv, jetzt ihrer hundert, vielfältig geschliffen, und jedes Detail wird strahlende Membran. Trotz alledem, bei aller Wirksamkeit der Palette, die sich immer wiederholt, haften wir weniger als früher an der Farbe, weil anderes dazukommt. Übrigens werden die Nuancen von der Faktur bestimmt. Derselbe Ocker wird dickflüssig oder dünnflüssig zu verschiedenen Tönen. Das versteht sich, und wir wußten es vorher, aber diesen Unterschied erreicht hier ein anscheinend ganz homogener Auftrag. Diese gleichmäßige, oft aquarellartige Pinselschrift erreicht mehr als der unverhältnismäßig pastosere Auftrag der siebziger und achtziger Jahre. Man kann nicht sagen, sie übertreffe die Üppigkeit der Materie früherer Glanzstücke, denn diese wurde nicht gesucht. Das neue Bild setzt jenen Glanz außer Wirkung. Liegt das Gesagte im geistigen Bereich der früheren Bilder? Das kann nicht gut anders sein. Alles das, meint man, habe Renoir auch schon in jüngeren Jahren gedacht, aber sei damals nicht zu Ende gekommen, just von jenen verführerischen Effekten gehindert, die ja auch seine Lebensfreude glaubhaft zur Geltung brachten und die er nachher Schwindel nannte. Der Schwindel war vielleicht nur der Rest nicht gelöster Materie. Der dinglicheren Freude entsprach der dingliche Ausdruck, und es fehlte der Mut und die Fähigkeit, das Libretto dem Bereich gefälliger Klangmalerei zu entrücken. Mit der unabhängigen Koloristik wird der ungelöste Rest der Materie enteignet. Steigert sich die Lyrik? Wieder improvisiert er wie in der Zeit der Jugendgedichte. In der

Der Garten von Essoyes, 1903.

Sammlung Gangnat hing ein winziges Bildchen aus dem Jahre 1903, ein Blick in den Garten von Essoyes. Auf einer Bank sitzt eine Frau in erdbeerrosa Jacke und hütet ein auf der Erde sitzendes Kind. Sie hat einen hellen Hut mit schwarzem Bande auf. Die Farben liegen aufeinander, ineinander, wie zufällig zusammengeflossen und geben die winzige Erscheinung so bestimmt, daß man die Regungen des Kindes zu erraten glaubt. Das Grau in dem weißen Rock der Frau verführt das Auge mit dem Spiel von Tönen, dessen Herkunft man kennt, aber darunter spürt man den Körper. Vieles von dem Charme lag im Bereich des Malers der Grenouillère. Damals bedurfte er bewegter Motive, der Seine mit den Kähnen, der Badehütten mit Menschen. Das zog man zusammen und ließ die Fläche spielen. Wenn ihm einer damals zugemutet hätte, mit einer Frau und einem Kind dieselbe Fülle von Regung, von Farbe auf der Fläche einer Hand zu verdichten und noch Körper, nicht nur Farbenflecke zu geben, hätte er ihn ausgelacht.

Das Mädchen auf dem Bildchen ist Renée, die Bonne, Modell vieler Baigneusen, und das Kind ist Claude, genannt Coco, damals zwei Jahre alt. Renoir hat den rosigen Kopf mit dem flachsblonden Haar zum Helden einer Geschichte gemacht; Coco im Zimmer, im Freien, schlafend, spielend, Coco mit Gabriele, Coco mit dem Baukasten, bei den ersten Schreibversuchen, vor der Staffelei. Man kann das Wachstum verfolgen, und jedesmal ist Renoir Vater eines neuen Coco geworden. Als die Hosen kamen, wurde das Gesicht seltener in den Bildern. Das war mit Claude nicht anders als mit den beiden älteren Brüdern. Immerhin ist der Vater dem Jüngsten treuer geblieben. Als Achtjährigen hat er ihn im Theater zwischen den beiden Mädchen gemalt. Und aus der letzten Zeit gibt es in Cagnes ein Bild des Erwachsenen. Verglichen mit dieser Reihe erscheinen frühere Kinderbildnisse in einer schwer zu bezeichnenden Art fragmentarisch, entweder zu flächig oder zu rund, meist zu malerisch. Die gesteigerte Lyrik verwischt nicht die Form. Sie verträgt sich mit der gesteigerten Stabilität. Damit ist der Ausweg aus der letzten Sackgasse gefunden, und wir erkennen hinterher, um wieviel enger sie war als die des Impressionisten. Renoir, immer bereit, sich über sich lustig zu machen, nannte die Befreiung einen »petit Tric«. Die Geschichte mit dem Ei des Kolumbus sei daneben von komplizierter Metaphysik.

Dank dem petit Tric gelingt es, die Gestaltung des Nackten

Das Mädchen im Gebüsch, 1902.

von Grund aus zu erneuern. Mit dem Mädchen im Gebüsch von 1902 geht es los. Vor farbigen Sträuchern liegt auf weißem Tuch der makellose Körper, makellos modelliert. Hier wird das Fließen der Farbe zum Sprühen kaum merkbarer Striche von Rosa, Grau und ein wenig Violett. Sprühen, nicht Flimmern. Flimmern gab es in früheren Bildern, vielleicht auch Sprühen; unsere Kunstsprache hat drei Worte für dreißig Begriffe. Die ersten Baigneusen hatten sprühende Materie. Helfen wir uns mit der Behauptung, jetzt sprühe der Körper, womit wir andeuten können, der Körper besitze nichts Stoffliches, das sich von der Totalität seines Wesens unterscheiden lasse, während frühere Baigneusen die sprühende Materie als Mantel oder als biegsame Fassade um sich hatten. Wohlverstanden immer vergleichsweise und bildlich gemeint. Stellt man neben dieses Bild eine der seltenen Nacktheiten des vorhergehenden Jahrzehnts, z. B. das am offenen Meer liegende Mädchen, das zu den glücklichsten Momenten der mageren Jahre gehört, so entgeht uns bei aller Empfänglichkeit für die Reize dieser schlummernden Odaliske nicht die begrenzende Flächigkeit dieser Darstellung. Niemand wird die Realität des Körpers in Frage ziehen, aber unser Eindruck hält sich vor allem an das malerisch Hingegossene der Silhouette und wertet die glückliche Situation der Schlafenden am Ufer des Meeres als Beitrag des Dekorativen. Das Auge gleitet beglückt über das Bild, aber bleibt nicht haften. Man glaubt die losen Reflexe Manets zu spüren; eine vertiefte Oberflächenkunst, die in der »Olympia« die Höhe erreicht. »Das Mädchen im Gebüsch« verzichtet auf jene verlockende Flüchtigkeit und ersetzt das Flächige durch eine Räumlichkeit, die den Eindruck vertieft, und zwar gewinnt nicht nur das Bild, sondern zugleich die Gestalt im Bild. Vergleichsweise besitzt jetzt erst der Körper Beweglichkeit, während er vorher eine ungemein glaubhafte und wirksame Kulisse war. Gerade die Überwindung der Spontaneität fördert den Organismus des Körpers. Er wuchs allmählich in die Rundung, oder vielmehr die Wölbung wuchs mit ihm. Die Landschaft hilft. Das in größeren und lockeren Flecken gemalte Buschwerk umhüllt den Körper und hebt zugleich seine Konsistenz hervor; ein halb geöffnetes Ecrin von barocker Form, dem schimmernden Inhalt angemessen.

Ein Bewunderer des Bildes in der Sammlung Gangnat, der auch malte, beneidete Renoir um die Schönheit des Modells. Die Wohlhabenheit habe ihm immerhin erlaubt, sich die besten Mädchen auszusuchen. Man behaupte sogar, er habe solche Modelle dauernd unterhalten, um sie für sich allein zu haben und sich immer mit exquisiten Formen zu umgeben. – Mit dem dauernden Engagement hatte es insofern seine Richtigkeit, als die Modelle Bonnen waren. Renoir bediente sich ihrer für seine Malerei, wenn sie nicht von Madame Renoir in der Küche gebraucht wurden. Für das Mädchen im Gebüsch poste die sogenannnte Boulangère. Sie war damals bereits zehn Jahre im Hause, und wie behauptet wird, über die erste Frische hinaus. Renoir zog gewohnte Modelle jeder Schönheit vor. Es stand mit den Mädchen nicht anders als mit der Landschaft. Das Runde des Körpers war seine Erfindung.

»Das Mädchen im Gebüsch« entstand fast gleichzeitig mit der letzten Wiederholung des »Mädchenbads«. So nahe berührten sich die Zonen. Außer entkleideten weiblichen Wesen haben sie nichts gemein. Dort die Bewegtheit der flächigen Komposition, die nach der Wand rief. Das Staffeleibild bändigte den Anspruch nur mit Opfern, die Renoir später vergeblich zu verringern suchte, indem er das Flächige in die Tiefe lockte. Es ging nicht mit. Ohne Ausdehnung ins Große mußte das exzentrische Mädchenbad Stückwerk bleiben, und das nachträglich mit dem Bilde versuchte Experiment hemmte nur den Stil und machte das Resultat in doppeltem Sinne fragmentarisch. – Hier die Konzentration des Staffeleibildes. Die Bewegung steigert den Ausdruck der Ruhe. Alle Rhythmen umfangen und betten den runden Körper, der die Bewegung ausstrahlt. Das Nackte wird Sanktuarium. Will man die Wandlung mit gewohnten Stilbegriffen bezeichnen, so kann man dem über die Ufer brechenden Hymnus nur die Sammlung gegenüberstellen, die wir mit der Antike verbinden, ohne zu vergessen, daß barock und antik nicht unbedingt Gegensätze bedeuten.

Renoir und die Antike, noch klingt die Behauptung unwahrscheinlich. Sie wird bald mit zahlreichen Beispielen erschöpfend belegt werden. Von dem »Mädchen im Gebüsch« bis zu dem Münchner Hirtenknaben von 1911 ist nur ein Schritt.

*

Am meisten verblüfft der Zeitpunkt der Wandlung. Den Übergang des Stils hat Marées vorgemacht, und damit fällt manches Hindernis, das die Parallele der beiden Entwicklungen verdunkelte; aber Marées kam viel jünger dazu, bezwungen von einem Wechsel des Orts, der seine ganze Mentalität umstellte. Rom löschte die kleine Heimat aus. Sein Deutschtum ist die reckenhafte Selbsterhaltung zwischen Ruinen. Sobald er nach Italien kommt, beginnt der Aufstieg und wird dauernd steiler. Renoirs Werke unmittelbar vor der Wandlung verraten so gut wie nichts. Man denke an die großen Formate von 1900, an die Bildnisse, an die Interieurs. Die Venus Anadyomene von Neapel mag man nicht als Vorläufer gelten lassen, da sie und ihre Gefährtinnen zu dem »Mädchenbad« führten. Man erkennt die Wegzeichen immer erst hinterher.

Es ist unmöglich, nicht nach äußeren Gründen zu suchen, und da stößt man auf ein biographisches Moment, das zwar keinen Anlaß hergibt, aber eine latent vorhandene Disposition gefördert haben könnte; ein sehr persönliches Moment. Wenn es nicht so schlecht klänge, könnte man dem Leitfaden noch eine Kapitelüberschrift hinzufügen: die Gicht. Die Persiflage liegt meiner Verehrung fern. Mit ihr ist Klio zu belasten und der erfindungsreiche Widerstand des Betroffenen. Ich will nicht behaupten, die Gicht habe die Antike herangezaubert. Sie nötigte Renoir zu einer Kontemplation, die ihn zufällig den petit Tric, den wir Antike nennen, finden ließ.

Schon in den neunziger Jahren quälte ihn das Leiden. Er ertrug nicht mehr das Pariser Klima und floh in den Süden, wo er sich erst für ein paar Jahre in Magagnosc, einem kleinen Dörfchen der Provence, dann in Le Cannet bei Marseille und schließlich in Cagnes bei Nizza niederließ. Er wohnte zuerst im Dorf im Posthaus und erwarb dann die Besitzung »Les Colettes« mit dem Olivenhügel, wo er sich das Haus baute. Nach Paris konnte er nur noch im Sommer. Wenn es heiß wurde, zog man in das bescheidene Landhaus von Essoyes in der Champagne, das er seit 1898 besaß. Die Gicht war nur anfangs schmerzhaft, aber verringerte ständig die Brauchbarkeit der Glieder, krümmte die Knochen und trocknete das Fleisch aus. Die Beine versagten den Dienst, und er war schließlich auf den Rollstuhl angewiesen. Unheimlich deformierten sich die Hände. Das Volumen nahm ab, die Finger schrumpften und wurden immer dünner. In den ersten Stadien der Verkrüppelung gab es schlimme Momente. Er konnte nicht mehr wie andere. Pastoser Auftrag verbot sich. Hieß das nicht so viel wie statt einfacher und vernehmlicher Rede zu stottern und zu flüstern? Der Maler, der das Wandbild gewollt hatte, sah sich in naher Zukunft auf kleinste Formate angewiesen, wenn nicht die Hand eines Tages überhaupt jeden Dienst verweigerte.

Schließlich hatte Renoir Grund, die Gicht zu segnen. Der Fall Beethoven in milderer Form und in einer anderen Fakultät. Schon registriert der flinke Psychologe das Vorkommen und macht die Gicht zur treibenden Kraft, womöglich zum Ingenium. Da es der taube Beethoven, wie allgemein bekannt, schlimmer hatte, ist Renoir kaum noch Problem.

Hier beginnt die Profanierung und der Aberglaube. Wenn schon die Krankheit, wie man sagt, den Menschen zur Einkehr nötigt, lag bei diesem Patienten, den schon einmal die Abstraktion bedroht hatte, die Annahme nahe, er würde jetzt erst recht in die Einsamkeit fliehen, um sich in Ermangelung anderer Genußflächen an seiner möglichst geschlossenen, möglichst abstrakten Eigenart zu ergötzen. Es kam anders. Renoir entkörperlichte die Technik, nicht den Gegenstand. Nie hat er seine Form weiter geöffnet, um Welt und Menschheit zu umfangen. Die Gebrechlichkeit der Glieder zwang ihn, das Bild im Geiste zu vollenden, bevor er es auf die Leinwand brachte. Also Verzicht auf alle Kunststücke des Metier, auf die von Delacroix gehaßte »Habileté de la brosse«, und dafür eine Kombination der Töne, die das von Gicht verschonte Auge erfindet, eine Tonkunst von so reichem Gepränge, daß wir immer wieder behaupten, nie sei die Hand geschickter gewesen. Die Vereinfachung, wie sie Puvis oder mit Puvis verwandte Stilisten oder Degas oder Gauguin und seine Leute betrieben, bleibt fern, ebenso alles Robuste eines van Gogh. Wenn überhaupt der Begriff des Primitiven je mit Renoir in Verbindung zu bringen wäre, könnte man ihn eher auf frühere Perioden anwenden, selbst auf die berühmte Glanzzeit. Auf den späten Bildern scheint der Rhythmus vervielfacht, und es gehört zu ihrer Wirkung, daß wir die vom Auge gewonnene Bewegung der Hand zuschreiben, weil uns der Kontrapunkt des Farbigen entgeht. Schwerlich haben die Bilder den Fälscher zu fürchten. Es ist zu wenig handliche Materie da.

Der Zuschauer traute nicht seinen Augen. Die geschrumpfte Hand glich einem Knäuel verworrener Spiralen, und die Fingerenden konnten gerade noch die Zigarette halten. In den Knäuel steckte man den dünnen Schaft des Pinsels. Renoir drückte den Knäuel zu und malte. Es sah wie zitterndes Wischen über die Leinwand aus. Das Zittern brachte das Gewebe zustande und wo es darauf ankam, das Rieseln, das

Dichte und das Lockere, alle Konsistenzen der Materie. Nachdem ihm die Gicht anfangs viele Schwierigkeiten bereitet hatte, kam er dahin, sie wie ein Handwerk zu beherrschen. Das Kolorit des »Mädchens im Gebüsch« ist noch verhältnismäßig einfach, und damals hatte er noch Hände. Später strömt die Fülle.

Im Süden erneut sich der Landschafter. Es bleibt dabei, wir können so wenig den späten Landschaften wie den früheren von der Art der Ansicht von Wargemont eine Topographie ablesen, und mancher hält sie wie die von Delacroix für pure Phantasiegebilde, etwa für den Park um das bekannte Luftschloß. Unwillkürlich stellt man sich vor, die Zutat des Phantasten habe später zugenommen, und je nach der Gemütsart des Betrachters lobt oder tadelt man den Erfinder. Ganz starke Gemüter denken sich den Gipfel solcher Landschafterei jenseits von aller Realität.

Wer mit den Augen in den Süden Frankreichs kommt, findet Cézanne. Das ist unabweisbar und gilt nicht nur für Aix und den Mont St. Victoire. Jeder Fernblick in der Provence auf bebaute Ebenen, über gefurchte Äcker nach den Bergen hin trägt für alle Zeit seinen Namen. Was im siebzehnten Jahrhundert emsige Holländer für ihr Flachland, im achtzehnten die Venezianer für die Lagunen, im neunzehnten die Impressionisten für die Seine getan haben, das hat ein einziger, erschöpfender als alle andern dem Süden Frankreichs gegeben. Nichts bezeugt stärker die unverwüstliche Realität der französischen Kunst, ihre Eingesessenheit, als dieses Bildnis des Landes von der Hand eines Einsiedlers, der dem Verfolgungswahn nahe war.

Man kann auch Renoir finden. Er macht es mit derselben Palette, deren Willkür man nur der Herkunft des Porzellanmalers verzeihen zu können glaubt. Mit ihr malt er die Oliven, seine Bäume. Den Hügel in Cagnes kaufte er, weil die Oliven abgeholzt werden sollten. Die jüngsten sollen unter François I. gepflanzt worden sein und die ältesten an die tausend Jahre haben. Er liebte ihre unpathetische Art, die versteckte Gedrungenheit der knorrigen Stämme mit den gastlichen Ästen. Es gab nicht viel andere Bäume für ihn. Pinien waren ihm zu gewaltig, Zypressen zu feierlich, Palmen zu exotisch, und wenn er sie malte, standen sie meist im Dickicht zusammen. Die dekorative Silhouette des Baums lockte ihn nicht. Mit dem leichten Blattwerk der Oliven konnte man alles machen. Im Schatten der Koniferen bekommen sie das Blau, und in der Lichtung weißen sie sich mit einem Schimmer der Patina auf Messing. Stehen sie auf einem Mohnfeld, bedacht ihr Silber den türkischen Teppich. Den Hügel hinauf ballt sich in rundlichen Formen das flimmernde Grau. Sie vermitteln zwischen allen hellen und dunklen Grün, binden den Doppelklang des jungen Weinblatts, unter dem die rötliche Erde hervorschaut, mit dem verbrannten und dem satten Lorbeer, lassen, gedunkelt in der Ferne, die grauen Stückchen Boden leuchten, nehmen in der Nähe den Staub der Straße an und mischen ihn mit der Sonne und mit aller Bläue des Meers. Viele Büsche und Sträucher und mit ihnen viele Gelb; Ei, Zitronen, Orange. Das Eigelb kommt von wucherndem Ginster her mit den dünnblättrigen Schmetterlingsblüten; das helle Zitronengelb von den prallen Knospen der Immortellen, winzigen vielarmigen Kandelabern auf grauen Stengeln, weich behaart wie Edelweiß. Aber das Lila, da verrät er sich, dieses süße Lila gleich neben zartestem Grün! Das ist wortwörtlich von den zahllosen Tamarinden genommen, wenn sich das spargelkrautartige Gefieder mit Mauve zu färben beginnt. Wird das Rot um eine Nuance stärker, ist es

Valerian, dem man bei jedem Schritt begegnet. Tieferes Rot kann man von den hängenden Blättern des Eukalyptus, die sich früh blutig färben, nehmen. Nun braucht nur ein Stückchen Steinmauer dazu zu kommen, ein Dach im Schatten, ein wehendes Kleid unter den Oliven. Alles das immer nur Farbe, vegetativ, lose und ganz unverkennbar: der Süden Frankreichs. Gleich daneben, jenseits der Böschung des Weges entrollt Cézanne sein Kantate. Der Garten Renoirs, die Melodie von Couperin, gehört dazu.

Um 1904 malt er das große Kniestück der pompösen Baigneuse, die der Prinz Wagram besaß. Sie sitzt auf dem Badetuch, hält die eine Hand im Haar, die andere am Fuß; nichts als ein Akt mit den bekannten Zügen Renoirscher Mädchen, gegenstandslos und ohne jede Betonung einer Haltung, die sich monumental verwerten ließe, ausschließlich körperlicher Zustand. Und diese kontrollierbare Körperlichkeit umspielt ein Hauch von Lyrik, Hauch eines antiken Geistes, nur weil die Farben und Formen Klang erzeugen, nur weil sie – wie könnte man es anders nennen! – harmonisch sind, in Harmonie unter sich und mit der Vorstellung, die wir in einem Winkel des Gedächtnisses aufbewahrten; Vorstellung von Menschen, denen die Natur freundlich ist. Es gibt außer dem Bilde der Sammlung Wagram zwei sehr ähnliche Fassungen und viele verwandte Motive, die sich über das erste Jahrzehnt des Jahrhunderts verteilen. Eine der schönsten, die sitzende Baigneuse, die sich das Bein geritzt hat und mit dem Badetuch das Blut abtupft, war bei Gangnat. Prinz Wagram besaß auch das Frauenkniestück mit dem flutenden Haar von 1906. Man könnte es, obwohl nur ein Akt, »La Source« nennen wie das viel berühmtere Werk derselben Sammlung, das Mädchen im Hemd von 1876, das keinen Akt, aber ein Märchen hat. Man

La Source, 1876.

ist jetzt stark verleitet, den Märchenblick als fatale Indiskretion abzulehnen.

Es kam wieder zu größeren Formaten. Er malt 1907 drei Bilder mit einer liegenden Baigneuse annähernd in Lebensgröße, von denen Mlle. Diéterle wohl die bedeutendste Fassung besaß. Nur sehr wenigen Menschen gefiel diese Vollendung. Die Spekulanten ließen sich kein Bild mehr entgehen, weil Renoir Mode geworden war und allmählich sogar die letzte Periode, wenn auch in weit geringerem Maße als die Glanzzeit, börsenmäßige Chancen versprach. Ich erinnere mich des Gesprächs mit einem angesehenen Kunstfreund, den ich für die Reize der liegenden Baigneuse bei Mlle. Diéterle gewinnen wollte. Er hörte mir höflich zu und meinte, wenn man die Bilder um 1875 nicht gesehen hätte, würde man sich auch mit diesen jüngeren behelfen können. In der Kunst sei man zuweilen genötigt, ältere Mädchen vorzuziehen. Und er erinnerte mich an die ebenso großen Panneaux mit je einer liegenden halbnackten Frauengestalt von 1878 bei Vollard. Man könne von einem alten Herrn nicht mehr verlangen. – Es blieb dahingestellt, ob er sich oder Renoir damit entschuldigen wollte. Als ich's Vollard erzählte, meinte der: »Der Esel, ich will ja meine Panneaux gar nicht verkaufen!« – Vielleicht hat Renoir in der berühmten Glanzzeit wirklich besser gemalt, denn es gelang seinem Pinsel, mit wenig Gestalt gefällig zu sein. Jene liegenden Frauengestalten bei Vollard sind ein Beginn, getragen von Boucher oder Fragonard. Der Beginn ist nicht so arm, um nicht den Reiz des Dixhuitième zu steigern, und der geistvolle Kunstfreund besaß schöne Fragonards. Als ich Renoir die Geschichte erzählte, zuckte er die Achseln und meinte: »Sie wollen betrogen sein.« –

Kuriosum: Grade in der Reife Renoirs kommt wie jede

seiner früheren Beziehungen auch die zum Dixhuitième zur klarsten Geltung. Nur wurde sie übertragen. In übertragener Form ist der Alte sogar wieder Porzellanmaler geworden.

Hinzu kam die Antike. Diese Beziehung hat er im wesentlichen in der letzten Periode begonnen und, ohne sich von ihr zu trennen, vollendet. Er wagte sich an antike Motive. Zuerst geschah es nebenher, im Hintergrund der sitzenden Baigneuse von 1904, bei Vollard, die mit der einen Hand in das reiche Haar greift, mit der anderen das Badetuch auf dem Bein hält, bekränzen muntere Mädchen ein Standbild des Pan. Die Episode fügt der Gestalt, die eher an eine Lorelei denken läßt, nichts hinzu und ist in den anderen Fassungen weggeblieben.

Ein etwas späteres Bild trägt den Titel »Paris-Urteil«. Drei nackte Mädchen stehen im Walde. In der Ecke kniet eine Gestalt, die anscheinend einen Apfel hinhält und also wohl Paris sein soll. Man sieht den Titel und sagt aha. Renoir hat die Mädchen so stehen gesehen. Sie sind keineswegs göttlichen Ursprungs, aber blühende Akte, und da sie etwas zu tun haben müssen, läßt er sie Paris-Urteil spielen. Paris entzieht sich durchaus der legendarischen Rolle. Renoirs Interesse an Männern, selbst an solchen von dokumentierter Schönheit, war gering. Die nachthaubenhafte Kopfbedeckung und das sonderbare Gewand maskieren den holden Hirten so gründlich, daß man ihn auch für eine Obstfrau, die ihre Ware empfiehlt, nehmen könnte. Die Drapierung hatte gute Gründe, denn für den Paris gab die nie versagende Bonne Gabriele ihre Konturen her. Die Sorglosigkeit der Regie führt den Titelleser in die Nähe einer Offenbachiade; nicht den Betrachter des Bildes. Der bedarf keiner Antike und akzeptiert die Apfelfrau ebenso gern wie den Apfelmann, da es nur auf die Garnierung des Winkels ankommt und für die Farben das Motiv gar nicht einfach genug sein kann. Das Spiel der Fleischtöne und der schwellenden Fleischformen in der prangenden Vegetation bestrickt uns, bevor Paris oder Gabriele die Geschichte beginnt. Nicht infolge, sondern trotz der Geschichte fühlen wir uns einer Legende nahe. Die Mädchen und die Kapuze fördern kein griechisches Szenarium, aber versehen unsern Traum mit Widerständen, deren Wirkung sich mit dem Humor vergleichen läßt. Nicht diese Regie ist das Wagnis, sondern die paradiesische Farbe und die farbige Modellierung. Mit diesem Paris in der Kapuze und mit diesen tapsigen Göttinnen kann man jede Süßigkeit der Töne riskieren. Wenn hier überhaupt von Antike die Rede sein kann, dringt sie nur auf Umwegen zu uns. Wir werden bald das Motiv in verwandelter Form wiederfinden und mit ihm einen direkten Weg in die Antike.

Er kam ihr schon viel näher mit einer Reihe von kleinen, ebenso sorglos improvisierten Bildern, die den jetzt immer stärker werdenden Strom der Produktion begleiten. Zu ihnen gehört das rosenpflückende Mädchen, genannt »Ode aux Fleurs«. Es soll nach Anakreon entstanden sein. Auch wenn der Tanz der winzigen Figuren im Hintergrund fehlte, könnte uns nicht der nymphenhafte Zauber der Rosenpflückerin entgehen; nymphenhaft, weil der einzige Inhalt des kleinen Mädchens die Lust nach Rosen ist und weil die Farbe des Bildchens aus solchen Lüsten gewonnen scheint. Wieder sichert uns die kindliche Rundheit der Glieder. In dem ähnlichen Bildchen der Sammlung Hodebert wandelt das gleiche Mädchen in fast gleicher Haltung, aber mit dem Badetuch in der Hand; ohne Rosen und ohne antike Staffage; nicht weniger Nymphe. Ja, das Nymphenhafte überzeugt fast noch stärker, da wir es in dem noch unbewußten Rhythmus der ersten Konzeption zu entdecken glauben.

Das Parisurteil, 1908.

Im gleichen Jahre sind die beiden großen Tanzpanneaux für Gangnat entstanden, das Hauptwerk der leider aufgelösten schönsten Renoir-Sammlung.

Hier konnte man bis zum Tode des feinsinnigen und klugen Sammlers in hundertundsechzig sorgfältig gewählten Bildern, fast alle aus dem ersten Jahrzehnt des Jahrhunderts, das Werden und Wachsen der Reife bewundern. Die meisten waren bescheidenen Umfangs. Dutzende gingen an eine Wand, und Farbe und Rhythmus verbanden Stilleben, Landschaften, Idyllen. Nicht die Bilder, aber die Wände sind unvergeßlich. In den beiden Panneaux sammelte sich die Pracht. Sie machten Arbeit, die Glieder murrten, und die Familie war in Sorge, aber nach wenigen Wochen standen die beiden Flächen vollendet da. Sie strahlen, unberührt von Qual. Wer sie anblickt, wird aller Lasten ledig. Die Arbeit an den großen Formaten wurde von der Unfähigkeit des Gichtkranken erschwert, oft genügenden Abstand zu nehmen, um das Ganze im Auge zu behalten. Das Vor- und Zurückspringen des Fechters schloß sich aus. Soweit sind es, könnte man sagen, Fresken. Das Unzutreffende liegt in der Qualität der Materie. Ihr Reichtum ist dem Fresko versagt. Keine greifbare Linie führt, keine Arabeske schreibt den Vorgang, nichts vom Zeichner. Farbige Gewebe, wolkenleicht, Wolken, durch die das Licht scheint, vollbringen die Form. An Schleiern hängen Rosengewinde, Reflexe von Perlen in Gaze gewirkt. Ein Märchenerzähler des Orients, im Besitz aller Geheimnisse aus Tausendundeiner Nacht, erfand die Kostüme. Für die Schwarze mit dem Mohn im Haar, die ihm die liebste war, das Blau; ein Himmelblau mit Weiß und Grau und Rosa, und ein dunkleres Blau in dem Schal, der das durchsichtige Unterkleid umschlingt. Sie schlägt die Kastagnetten. Die Brust umgibt der kurze Bolero aus Orange und venezianischem Rot, die ineinander übergehen, ineinander strahlen wie auf Bildern Grecos. Die andere, die Blonde mit dem Tamburin, trägt auch den Bolero und ist in Rot; ein türkisches Rot mit leichterem Grün gefaßt. Es ergänzt mit seinen starken Tönen das strahlende Rosa des Fleischs. Den weißgrauen Mull der Pumphosen schmücken blaue Partikel. Das Blau kommt in anderen Einzelheiten wieder und verbindet die Blonde mit der Partnerin. Unter dem zarten Behänge regen sich Körper, und hier erhellt das Überfreskenhafte der Gestaltung. Gewaltig füllt der schräg gestellte Körper der Schwarzen den Raum. Bein, Hüften, Brust, Arme, so lose sich die blumigen Gewinde schmiegen, verdrängen gleich einer Plastik die Luft, und als seien sich die Körper ihrer Macht bewußt, regen sich die Tänzerinnen nur langsam und etwas träge; schwere Früchte, die der Wind wenig bewegt.

Natürlich waren die Früchte die beiden Bonnen, und die Boleros waren Westen von Toreadoren, Andenken der spanischen Reise.

Die Panneaux hängen in einem kleinen Pariser Eßzimmer zu beiden Seiten eines Kamin-Spiegels. Sie könnten in anderen Räumen hängen. Es ließe sich ein Palast denken. Wieder überströmen Versprechen die Gewinde und umschlingen uns. Nur: welcher Baumeister erfände den Rahmen für die Art dieser Pracht und ließe Raum und Bild wie einst von einer Hand geschaffen erscheinen? Und eine Kleinigkeit: wo wäre der Bauherr?

Unter den Gewinden regt sich unsere Erinnerung. Man denkt an andere Panneaux mit Tänzen, Danse à la Ville, Danse à la Campagne, Moulin de la Galette, und ganz in der Ferne tanzen dunkle Figürchen auf dem Eise. Man denkt an die andern Orientalinnen, die nicht über die Verkleidung hinauskamen, an den vergeblichen Kampf des jungen Renoir mit den »Femmes d'Alger«. Die Technik nähert sich Delacroix, und zwar nicht jenem Frauengemach von Algier, das, so hoch es Renoir pries, nur Vorstufe ist, noch beschwert mit materiellen Glanzgelüsten, sondern den späten und reifsten Werken Delacroix'. So dünn, mit so kleinen Strichen hat der Delacroix, als er »ni dents ni souffle« mehr hatte, gemalt. So half er sich gegen sein weniger geduldiges Alter. Der Pinsel gehorchte dem leisesten Druck der Hand. Erst der übersinnliche Freier vermählte sich ganz der Materie und bereitete die Feste, die uns in des Worts verwegenster Bedeutung begeistern. Also kam das Rendez-vous zustande. Es bedurfte der Umwege. Renoir mußte den Gesuchten vergessen, um sich mit eignen Möglichkeiten eine Sphäre für die Verwendbarkeit ähnlicher Mittel zu schaffen. Dann stellte sich der einst heiß Ersehnte ungerufen ein. Sphäre soll nichts Motivisches heißen. Daß ihm jetzt auch gewisse Gegenstände Delacroix' gelegener werden konnten, bedeutet nur eine geringfügige Folge. Eher hebt die Verschiedenheit der Stoffe die Verwandtschaft hervor. Renoirs Lyrik gleicht sich dem Dramatischen des Vorgängers aus ähnlichen Gründen an, die dem Vorgänger erlaubten, seinen Schlachtenbildern, wie Renoir einmal sagte, das Blumige zu geben. Von jetzt an verschwindet das Delacroixhafte ebensowenig wie die Antike. Es machte den längsten Weg aller Beziehungen und erweist, man könnte fast sagen greifbar, die Geistigkeit der Reife. Es ergänzt den Beitrag der Antike und wird, was um vieles wesentlicher erscheint, von diesem ergänzt; ein seltenes, ich glaube einziges Schauspiel der Entwicklungsgeschichte. Neben der Realität solcher Entwicklungen verliert die Reflexion über Verwendungen des Genies, die in einer andern Epoche günstiger ausgefallen wären, den Stachel. Bedauern wäre Mißverständnis und Undank. Man vergißt das Eßzimmer mit dem Spiegel und die anderen Winzigkeiten unserer Epoche. Das Flugzeug des Genies hebt uns hinweg.

*

Im Sommer 1910 kommt noch mal eine Reise. Renoir folgte der Einladung Thurneyssens, eines deutschen Verehrers, dessen Gattin er 1908 in Cagnes gemalt hatte, nach Weßling in der Nähe Münchens. Es war bei dem Zustand seiner Knochen kein einfaches Unternehmen. Er konnte nur sehr wenig und mit Anstrengung gehen, kam aber doch ein paarmal nach München in die Pinakothek. Die Familie – Frau Renoir und die drei Söhne waren mit – wollte eigentlich den Sommer in Weßling bleiben, aber Renoir hielt es, da die Landschaft keine Töne

Bildnis der Frau Thurneyssen
und ihrer Tochter, 1910.

hergab, nur vier Wochen aus. Er hat ausschließlich Bildnisse gemalt und verwendete den größten Teil der Zeit auf das Bild der Frau des Hauses mit der kleinen Tochter auf dem Schoß. Es galt ihm für sein bestes Bildnis. Die gewohnte Skala: viele rote Töne, Gelb und Blau. Die Rot am stärksten in der Mutter mit dem schwarzen Haar. In dem Kleid spielen Rosa und Weiß. Das Rot vertieft sich in dem Sessel. Die Tapete des Hintergrunds ein summarisches Rosendekor auf bläulichem Grund, und zwar wechselt das Rosa mit gelblichem Weiß. Die Mutter war für Renoir nur des Kindes wegen da. In dem Kinde tritt das Gelb in Aktion und drängt das Rot zurück. Reste von Rosa im Weiß des Kleidchens. Die Augen blau wie die der Mutter, nur gewinnt das Blau in dem Kranz des Golds ein ganz anderes Leuchten, und dieses Leuchten ist der Inhalt des Bildes. Die Farben außer dem Schwarz umkreisen vibrierend die Körperformen, und zwar nimmt die Bewegung von hinten nach vorn zu und konzentriert sich im Haar des Kindes; eine dynamische Perspektive. Die flacheren fleckenhaften Rosen der Tapete begleiten diskret das intensive Geringel der Löckchen, deren Rund das kleine Gesicht mit einem Nimbus von goldenen Reflexen umgibt. Der gelassene Ausdruck im Antlitz der Mutter kann noch Porträt sein, wenn auch das Porträthafte viel weniger als auf dem zwei Jahre vorher entstandenen banaleren Bilde zu sagen hat. Das Kind, obwohl dem Maler viel weniger vertraut als der Lockenkopf Claudes, wird sein Inkarnat. Es gibt nichts dergleichen in der Serie mit Coco. Vielleicht hat der Mangel an Vertrautheit diese Spiritualisierung des Kindhaften begünstigt. Man könnte sich ein neues Madonnenbild denken mit einem Kinde, von dessen Göttlichkeit die Mutter nichts weiß. Wir beginnen sie zu ahnen. Die runden Rosen des Hintergrunds gäben die Wolke von Köpfen zuschauender

Engel auf dem Raffael. Noch heute beanstandet mancher die Süßigkeit der Farbe. Diese Empfindlichen haben mittelmäßige Reizbarkeit der Empfindung. Sie wollen zur Mutter, nicht zum Kinde, und bilden sich ein, den Rest bereitwillig gelten lassen zu können, wenn ihnen nur das Rot erspart würde. Dann bliebe nichts. Sie wehren sich gegen die Verherrlichung, gegen das Inkarnat. Beschränkt auf ihre Routine der Kunstbetrachtung, nehmen sie Renoir mit einem Dreifarbendruck-Verfahren auf, das alle Nuancen übersieht und nur die feststehenden Symbole des Ungeschmacks übrigläßt. Sie irren technisch, denn sie vernachlässigen die Töne zwischen den abgebrauchten Enden der Skala und bilden sich ein, der Reim mit Herz und Schmerz verdamme unbedingt das Gedicht. Zweifellos wurde Renoirs Wahl der Dominanten von der üblichen Farbensymbolik seiner Zeit bestimmt, und mit dieser Rücksicht entsühnt er die Willkür der Übertragung. Die Palette gleicht der Hintertreppe, auf der Dostojewski das Herz seiner Russen fand. Schwerer als der Mangel des Betrachters an Farbenempfindlichkeit wiegt die Intoleranz gegen den Geist Renoirs.

Renoir hatte Thurneyssen das Bildnis seines Jungen versprochen und malte es im nächsten Jahre in Cagnes. Es wurde der Hirtenknabe. Der Junge liegt, mit einem Fell bekleidet, im Gebüsch. Die dunklen Locken quellen unter dem runden Hut hervor; Arme und Beine nackt. In der linken Hand hält er lässig die Flöte. Mit den Fingern der anderen klimpert er unbewußt den Tönen der Flöte nach. Kleine Vögel flattern um die spielenden Finger. Ein Daphnis, bevor er Chloe findet. Zum erstenmal kürzt die Anrufung der Antike jeden Umweg. Vermutlich hat die meines Wissens einzige Verwendung des männlichen Modells für ein Idyll den Mut des Gestalters gesteigert. Wenn es schon ein Mann sein mußte, dann wenigstens ein

Ruhender Hirtenknabe, 1911.

Grieche, und so kam der Münchener Gymnasiast zum Flötenspiel. Freilich machte es Renoir mit ihm nicht anders als mit den Bonnen, die ihm die Venus gaben, nur hat er gerade hier, entblößt von gewohnten Sicherungen, die äußerste Süßigkeit seiner Farbe gewagt. Das Hirtengedicht wird mit einem Orchester instrumentiert, dessen Schmelz im ersten Augenblick befremdet. Man fragt ganz dumm, wie kommt der Gegenstand, wie kommen wir dazu? Es ist die Angst des ersten Augenblicks vor der Unwahrscheinlichkeit aller Gipfelwerke. Die Räder stehen einen Moment, und der ganze Apparat ist ausgeschaltet. Dann rast das Gedächtnis los, um Anschluß zu finden, als habe es ein Kommando erhalten.

Zuerst nimmt man immer Folgen für Anlässe und greift daneben. Dieses hauchartige Rosa des Fleischs entzieht sich. Es liegt vor dem lichten Grün des Gebüschs mit den gelblichen Reflexen. Gibt es dergleichen? Kann ein Rosa so vor Gebüschen liegen? Läßt sich bei der gegebenen Situation das Gelb in Hut und Flöte fast zu Zitronen steigern? Gibt es die unwahrscheinlich bunten Vögel? – Die Steigerungen bedingen sich gegenseitig. Das viele Rosa wäre unmöglich ohne das blonde Fell mit den bräunlichen Tiefen. Man möchte sich mit den Augen festsaugen, aber da gleiten die breiteren Striche des Pinsels nach den Beinen, nach den Schultern hin. Man ertrüge den fast reflexlosen Körper nicht ohne diese bewegten Flecken im Fell und wenn die Reflexe des Gebüschs nicht mittäten, wenn da nicht oben, unten, seitlich eine lose Hülle entstände. Und man ertrüge das Lose nicht ohne die gelbe Flöte und den gelben Hut und die unwahrscheinlichen Vögel. Die Vögel haben genau die Konsistenz, um nicht für Füllsel genommen zu werden. Ihre kräftigen Akzente steigern noch das Wagnis des Reims mit Herz und Schmerz und gewinnen wirksame Partner aus spielerischen Details, lebendige Wesen aus Flächen-Dekor, wahrscheinliche Vögel. Das hängt alles lose zusammen und befindet sich in einem zwischen Fläche und Raum schwebenden Gleichgewicht. Wir fühlen das Gewicht. So lag das nackte Mädchen im Gebüsch, so lagert der Hirt schon lange in unserer Vorstellung; ein griechischer Hirt, das haben wir gleich gewußt, aber eben das Wissen erschwerte die Arbeit der Räder und vergrößerte den Weg. Wie kommen wir von dieser Malerei zur Antike? – Nur mit dieser Malerei! Nicht nur ein griechisches Motiv wurde erneut, auch eine griechische Form. Das Relief, das schon die Nackte in dem muschelartigen Gehäuse aus Gebüsch versprach, ist Malerei geworden.

Der Besteller tauschte gegen die vergängliche Ähnlichkeit seines Jungen ein Konterfei des Griechentums ein und fand sich leichter ab als Bérard mit seinen einer Puppe nachempfundenen Kindern. Wie gute Bildnisse sollen, erhöhte das Bild den Gegenstand.

*

Mit zunehmendem Alter sank Renoirs Empfänglichkeit für das Bildnis, weil das schöpferische Vermögen stieg. Das kollektive Gesicht verdrängte die Einzelgesichter. Das mußten sich auch geistvolle Köpfe gefallen lassen, selbst ein Mallarmé, dessen Gesellschaft Renoir schätzte und den er vor dieser Zeit einmal gemalt hat. Das Produkt hält keinen Vergleich mit dem kleinen hinreißenden Bildnis des Dichters von Manet aus. Renoirs guter Wille steht außer Frage. Manet hat auf das Gesicht keine größere Anstrengung verwendet. Es lag ihm. Renoir konnte mit einer Haut, die kein Licht zog, nichts anfangen, auch wenn sie die Züge eines Freundes trug. Nichtsdestoweniger verschmähte er keine Übung. Unter den Weßlinger Bildnissen von 1910 gibt es drei Männer. Eins, das des deutschen Musikers Wilhelm Mühlfeld, nach dem Bericht eines Augenzeugen in einer Stunde entstanden, war sogar sehr ähnlich. Am gleichen Ort malte Renoir sich selbst und schonte sich weniger als alle anderen. Er gleicht einem sonntäglich geputzten Epicier der Provinz. Ungleich sympathischer und sehr ähnlich der alte Durand-Ruel. Das Bildnis Henry Bernsteins, vom gleichen Jahre, hat interessante Farben, aber keine überzeugende Physiognomie. Am schlechtesten fuhr Vollard, trotz aller von beiden Seiten aufgebotener Mühe. Es gibt, wenn ich richtig zähle, fünf Bildnisse oder Bildnisversuche zwischen 1908 und 1917. Das beste scheint mir immer noch das von 1908 mit der Statuette Maillols in der Hand. Auf dem letzten saß Vollard in der Tracht eines Toreadors und wurde sogar ähnlich. Das ist das Fatalste daran.

Porträt des Ambroise Vollard, 1908.

Das Kostüm gelangte ins Bild, und der Mensch blieb irgendwo draußen in seiner Ähnlichkeit.

Auch mit den Frauenbildnissen der letzten Zeit hatte Renoir seine Not. Für das Porträt der Mme. de Goléa brauchte er fünfzig Sitzungen, und obwohl sich hier der Mensch in dem Reichtum der Materie behauptet, fragt es sich, ob das Bild dem Œuvre unentbehrliche Züge hinzufügt. Es gibt um 1910 zwei Bilder mit einer sitzenden Frau beim Ankleiden vor dem Toilettentisch, in leichtem Morgengewand; zwei Pendants einmal von rechts, einmal von links. Die Schilderung weiblicher Intimität entfaltet die Pracht eines Lever. Diesen Glanz des Malerischen und diese Fülle von Schilderung hat kein Bildnis-Auftrag gewährt. Wenn das Porträt, wie Liebermann meint, der Parademarsch des Künstlers ist, muß man den alten Renoir zum Zivil rechnen.

*

Henri Mottez, Sohn des Ingres-Schülers Victor Mottez, der den Cennino Cennini übersetzt hat, bat Renoir um die Vorrede für eine neue Ausgabe des Traktats. Renoir tat dem neuen Herausgeber den Gefallen und schrieb bewundernd von den »Chefs d'œuvre corporatifs« der Alten. Sie bezeugten eindringlicher die Größe einer Epoche als die Werke der Genies, die ja doch immer über ihre Zeit hinauswuchsen. Das Aussterben des Handwerks sei ein böses Symptom. Die Kunst treibe dem Ende zu, seitdem sie nicht mehr wie Tischlern und Schlossern vom Meister gelehrt, vom Gesellen gelernt würde und von einer Generation auf die andere überging, seitdem keine Gemeinschaft mehr zwischen den Schaffenden und zwischen den anderen sei und Eigennutz der Persönlichkeit das allen geläufige Symbol verdrängte. – Der Vorredner konstatiert ohne zu klagen, ohne Sehnsucht nach unwiederbringlichen Zeiten, und verschweigt kaum, wie wenig er an Reorganisationsversuche glaubt. Man kann mit alten Büchern kein Fresko zurückgewinnen. Es gab dreißig Jahre vorher einen weniger gelassenen Renoir, der in dem Cennino Cennini ein Evangelium sah und nahe daran war, den alten Victor Mottez um die öden Fresken in St. Germain l'Auxerrois zu beneiden.

Das Alter gab Renoir das Beste, aber nicht das, was es anderen Meistern gleichen Ranges reicht, nicht den in die Tiefe lockenden Ernst, nicht die steile Größe des Symbols, noch die Wucht, die wir ohne die vorbereitende Gangart früherer Perioden nicht zu fassen vermöchten. Man muß sich bei Renoir auf keine Erschütterung einüben, eher auf das Gegenteil. Er wurde leichter. Das Alter befreite ihn von allen Lasten, nicht nur von denen der Materie. Die Odaliske von 1870 wird Mutter oder Großmutter glücklicher Kinder. Sie haben immer noch einen Familienzug gemein, liegen ebenso da, tragen Bolero und Höschen, aber sind der alten Regie entwachsen, Kinder einer neuen Generation. Mit dem ehrfürchtigen Schauder, der uns in Gedanken an die Umständlichkeit früherer Lebensformen beschleicht, sieht man auf das kalte starre Fleisch der alten Odaliske zurück. Sie hatte allerlei, ein ganzes Raritätenkabinett, nur kein rechtes Alter. Wenn sich inzwischen alles verflüssigt und verflüchtigt hat, eins kam dazu: die Jugend. Octave Mirbeau sagte von Renoir, er sei der einzige Maler, von dem es kein trauriges Bild gebe. Das stimmt nicht ganz, wenigstens nicht in dem einzigen Sinne, auf den es ankommt. Wir kennen die Periode verstimmter Bilder, und das Lächeln, das er ihnen trotzdem zu erhalten suchte, getrieben von dem Stolz des Kämpfers, der sich nichts merken lassen will, wurde sauer. Mirbeau ließ sich beirren, weil jene gern übersehene Periode nicht die Narben ähnlicher Phasen im Leben anderer Schöpfer hinterließ. Sie machte Renoir jünger. Alt war er nie, auch damals nicht, als er sich so vorkam. Die wachsende Erfahrung hemmte nicht die Fähigkeit, sich treiben zu lassen, und diese

Mitgift der Jugend – Leichtsinn oder Weisheit – führte ihn aus jeder Sackgasse heraus.

Nun strömen die Bilder. Immer wieder Mädchen, Gärten, Kinder, Blumen, Früchte, zumal Mädchen zwischen Rosen, mit Rosen im Haar, Rosen im Fleisch, und man fragt sich, wie es kommt, daß sie unserer gesetzten Männlichkeit nicht zu viel werden. Die Frage wäre ernster Studien wert. Man findet namentlich die negativen Anlässe unserer Toleranz. Weil wir alles mögliche wissen, was die Mädchen bestimmt nicht sind, behelfen wir uns mit unserer mangelhaften Kenntnis der positiven Eigenschaften ihres Wesens. Beispielsweise fänden wir bald den Widerstand, wenn es wirklich Odalisken wären. Hätten sie etwas von jenem Harem, fiele es ihnen ein, verschämt zu lispeln oder auch nur die Lippen zu spitzen, blickten sie uns nur einmal mit rosenhafter Süße an, wäre es gleich vorbei. Sie denken nicht daran, haben nicht einmal nötig, sich zu hüten. Es gibt Männer, das wissen sie, aber außerdem gibt es noch alles mögliche andere, und soweit wir uns auf unsere Männlichkeit etwas einbilden, sind wir Luft für sie. In so einem Harem muß man vor Langeweile sterben. – Das hatten schon die früheren, aber es kommt jetzt immer klarer, immer selbstverständlicher heraus, ergibt sich als Gegenstand einer Entwicklung. Um dergleichen malen zu können, muß man alt werden, älter als alle Literatur. Die Literaten können es nicht, weder die alten noch die jungen. Die Rose ist nur für den bekannten Gebrauch bestimmt, sonst nicht vorhanden. Einmal, wenn auch erst auf Seite 390, kommt, fein eingefädelt, der Moment, und dann ist die Bagatelle da. Die Technik hat sich überlebt. Die Neueren möchten die Umständlichkeit der Friktionen unterdrücken und gleich zur Tagesordnung übergehen. Die Frau war früher eine mehr oder weniger beträchtliche Störung. Die Neuzeit verbietet den Luxus und will ein großzügiges Verkehrsmittel aus ihr machen.

Renoir spart jeden Vorwurf, beruft sich nicht auf die Seele, verzichtet auf das Pathos. Um so stärker die Propaganda. Das ist der Zweck, für den er malt. Tausend Zeugen treten vor und sagen aus. Jeder Pinselstrich sagt es. Und es wird zu gefällig und unbetont gesagt, um Widerspruch herauszufordern. Wer wird gegen Rosenblätter protestieren? Ist er nicht doch nur ein neuer Fragonard? – Es wimmelt in der letzten Zeit von Motiven eines ungeschichtlichen Dixhuitième. Die rosige Nacktheit gönnt sich nach dem Bade zuweilen eine Siesta und läßt sich auf bequemem Pfühl Tee und Schokolade servieren. Da glaubt man, ihn zu erwischen, und in die Nachgiebigkeit schleicht sich verständnisinniges Lächeln. Aber man soll dem Alten nie trauen.

Die Jugend Renoirs erwies ihre Kraft, als er Bildhauer wurde. Es kam zu einer unerwarteten Äußerung des Geistes der »Chefs d'œuvre corporatifs«, der in der Vorrede des Cennino Cennini gefeiert wurde.

Renoirs Plastiken sind ausschließlich Gaben des Greises, zu einer Zeit entstanden, als der Maler die einst viel näher liegenden und vielleicht nicht unbedenklichen Beziehungen zur Form des Bildhauers längst überwunden und die Flüssigkeit des Farbigen erreicht hatte. Damals im Jahre 1885, als die scharf konturierte Baigneuse entstand, schien er nur den Meißel nehmen zu brauchen, um aus der gehärteten Perlmutt-Masse den Körper herauszuschälen. Blickt man von dem letzten Dezennium aus zurück, so kann sich eine Revision jenes Eindrucks ergeben, und es wird uns noch klarer als damals, daß erst, nachdem der Prozeß der Malerei in allen Instanzen gewonnen war, die Plastik entstehen konnte.

Seit Géricault und Daumier hat mancher Künstler beide Metiers und womöglich noch andere betrieben. Degas war Bildhauer, Maler und Dichter. Rodin hat Bilder hinterlassen, und von Courbet gibt es eine modellierte Büste. Meist sind es bildhauernde Maler oder malende Bildhauer, die sich der zweiten Kunst zur Vorbereitung oder Ablenkung oder als Ersatzmittel bedienen. Nie im 19. Jahrhundert wurde einer den Forderungen beider Künste unparteiisch gerecht. Gewöhnlich zahlte die Plastik die Kosten. Seit Carpeaux war sie ohnehin im Schlepptau der Malerei. Für eigene Entwicklung fehlte ihr die Geschmeidigkeit der jüngeren Schwester. Um den Raum in der Öffentlichkeit gebracht, sank sie in die Kleinkunst oder entartete in der Stickluft des Ateliers. Die Beziehung des Bildhauers Renoir zu dem Maler Renoir beschränkt sich auf Benutzung der gleichen Modelle. Coco hat auch hier seine Rolle gespielt. Das erste Stück ist das kleine Relief von 1907 mit dem Profil des Kindes. Maillol war im Sommerhaus von Essoyes zu Besuch, um die Büste Renoirs zu modellieren. Renoir sah das Werkzeug herumliegen und gab sich, zuerst halb im Spiel, daran, das Medaillon zusammenzubasteln. Es glückte, und er ließ es dann in Marmor für den Kamin des Eßzimmers in Cagnes wiederholen. Mehrere Jahre später kam es zu Rundplastiken und größeren Reliefs und zu einer neuen Baigneuse, die man, als sie lebensgroß dastand, Venus victorieuse taufte. Sie entfernt sich im Motiv und in der Anschauung von allen gemalten Baigneusen und steht im Raum mit derselben Selbstherrlichkeit wie das Bild auf der Fläche. Mit der Malerei Renoirs hat sie nur Renoir gemein.

Der Entstehungsgeschichte der beträchtlichen Reihe dieser Plastiken haftet ein Beigeschmack von Kino an, und wenn sie nicht mit sicheren Dokumenten belegt wäre, nähme sie keiner ernst. Die Anpassung der Technik an die versagenden körperlichen Kräfte, die mit der Malerei geglückt war, schloß sich bei der Plastik, zumal bei größeren Stücken, aus. In Ermangelung eigner gesunder Glieder bediente sich Renoir der Hand eines anderen. Dieser existiert. Er heißt Guino, hat sich außerhalb seines Dienstes bei Renoir betätigt und tut es weiter, ohne die Geschichte zu beschäftigen. Vollard, der Herausgeber der meisten Bronzen Renoirs, bewahrt eine lebensgroße Frauenstatue Guinos, um bedenkliche Kunden von der Neutralität des Gehilfen zu überzeugen.

Renoir verlor nicht seine Zeit mit dem vergeblichen Idealismus eines Marées, der im Vertrauen auf die Gültigkeit seiner Lehre aus Pygmäen Künstler zu machen hoffte und die Bildhauer unter seinen Schülern möglichst große Strecken allein gehen ließ. Renoir diktierte. Zuweilen soll er vorher Zeichnungen gemacht haben. Dann hatte Guino die Massen zu klotzen, und wenn das Gebilde aus nassem Ton Form zu werden begann, ließ Renoir seinen Fahrstuhl nahe heranfahren, nahm einen dünnen langen Stab, der bis zu dem Gestell reichte, und dirigierte. – Hier was! Da! Feste! Noch mehr! Halt! Weg! –

Die hier niedergeschriebenen Worte sind schlecht übersetzt. Renoirs wirkliche Kommandos waren kürzer und überhaupt keine Worte, sondern unartikulierte Laute, ein Knurren, Nicken, Tippen. Guino verstand. Es war leicht, wenn man erst einmal darin war. Man saß im Orchester und folgte dem Taktstock. Guino war die Hand am Stäbchen. Später haben sie sich entzweit, und Renoir nahm einen anderen Practicien, namens Morel, der an einigen späten Stücken die Sache gemacht hat. Manchmal hat auch Renoir selbst das Modellierholz zwischen die Fingerspiralen geklemmt und retuschiert. Ohne fremde Hilfe sind die beiden frühesten Stücke, das Relief und

Porträtbüste Coco (Claude Renoir), um 1908.

die kleine Büste Cocos und dann der ungemein reizvoll modellierte Kopf der Venus in einer diminutiven Fassung entstanden. An anderen Werken wurde eine mehr oder weniger weitgehende manuelle Beteiligung beobachtet. Doch lassen sich daraus keine Folgerungen für die Wertung gewinnen. Man könnte und müßte alle Plastiken Renoirs ohne Ausnahme eigenhändig nennen, und es wäre, soweit mit Eigenhändigkeit ein künstlerischer Begriff verbunden wird, kein Paradox. Nur würde ein technisches Moment verwischt werden, das im Gegensatz zur Malerei gerade auf dem Nicht-Manuellen beruht. Wie Waldemar George berichtet, hat Renoir in dem indirekten Verfahren keineswegs einen Notbehelf gesehen, sondern hätte es – so soll er gesagt haben – selbst dann angewendet, wenn seine Glieder gesünder gewesen wären. Er machte aus dem Verzicht auf manuelle Modellierung eine prinzipielle Forderung im Interesse des Objekts, weil man die Form besser im Auge behalte. – Der taube Beethoven warnte die Musiker, sich beim Komponieren der klanglichen Hilfe des Klaviers zu bedienen, und Renoir sagte einmal zu Vollard, die Hand sei nur eine Belastung. Deshalb forderte Marées von seinen Schülern, mit der Linken wie mit der Rechten zu arbeiten.

Den Maler ging das Fleisch, das im Lichte spielte, an; den Bildhauer das Säulenmäßige der Beine, die Struktur des Leibes, das Kapitäl des Hauptes. Man glaubt, Marées zu hören, nur dachte Marées ebenso von der Struktur der Malerei. Für Renoir war Bildhauen Architektur. Keinem Baumeister fiel es ein, selbst die Steine zu mauern und das Gebälk zu legen. Die Ägypter und Griechen, die Bildhauer der Gotik hätten nicht anders gedacht. Deshalb braucht man das Stäbchen des Alten nicht für mittelalterliches Werkzeug zu halten, noch sich um den Nachweis seiner Vitalität zu bemühen, die dem Archaismus widerstand. Längst galt uns die geflissentliche Betonung der Handschrift in der Plastik als höchst fragwürdige Errungenschaft dekadenter Epochen, und den Individualismus, der dahinter stand, hat man schon vor dreißig Jahren durchschaut. Nicht nur die bekannte überschäumende Freiheit trieb Carpeaux und seine Nachfolger zu der impressionistischen Modellierung, sondern geschwächte Vorstellungskraft. Rodins persönlicher »Fingerdruck« hatte, schon bevor Renoirs Plastik erschien, sein Prestige eingebüßt, und die Gliederverrenkungen, in die sich zuweilen seine Romantik verirrte und die er keinem Gehilfen zu diktieren vermocht hätte, gelten uns als die geringsten Bürgschaften seines Ruhms.

Renoir begriff die Wohltat des Abstands, der das Objekt vor Sinnestäuschung und verengendem Ausdruck bewahrt, sah von seinem Rollstuhl aus das Gefäß um die Gestalt, dem sie sich einfügen muß, um räumliche Form zu werden. In diesem Raum fließt nicht Milch und Honig, und die Süßigkeit der Rubine und Smaragde, die der Bewunderer der Farben Renoirs preist und die der Gegner später Gemälde beanstandet, bleibt der körperlichen Gedrungenheit fern. Ja, der Gegensatz zwischen der Lieblichkeit der Bilder und der unzweideutigen Robustheit der Körper im Raum mag den allzu zarten Verehrer befremden. Doch ist es ein und derselbe Renoir hier und da, und den Schreck des Liebhabers verschuldet vielleicht gerade die Verzärtelung, die in den Bildern nur das Süße sah.

Renoir bricht mit der Mode unserer Tage, die der Frau das Geschlecht nehmen möchte und ihre Formen unterdrückt. Das dürre Substrat eklektischer Bildhauer flüchtet in den Winkel, wenn die Venus victorieuse daherkommt. Sie tritt auf den Grund, kann man mit Shakespeare sagen. Als Modell diente wieder eine der Bonnen, und Renoir hielt sich hier nicht enger an sie als in den Bildern. Er begann mit der kleinen, sehr sorgfältig modellierten Fassung. Diese wurde nicht etwa mechanisch vergrößert, sondern als Hilfsmodell benutzt. Ebenso wurde mit allen folgenden Plastiken, die in verschiedenen Größen existieren, verfahren. Die große Fassung der Venus machte verschiedene Stadien durch. Renoir ging nicht zimperlich mit ihr um. Unzufrieden mit der bereits gegossenen Statue, ließ er Guino von neuem beginnen und befahl ihm, die Brüste um ein paar Zentimeter höher zu setzen. Naturalisten stehen die Haare zu Berge, aber die Korrektur gelang. Noch im Jahre 1914 wurde das Werk vollendet. Die Gestalt eignet sich nicht zum Schmuck bürgerlicher Zimmer und läßt sich auch zwischen modernen Plastiken im Museum nicht leicht unterbringen; ein Umstand, dem die Leiter unserer Galerien bisher allzu bereitwillig Rechnung getragen haben. Sie ist Monument. Das zerrissene Weltbild könnte an der Wucht dieser Venus genesen. Die Schönheit weiblicher Formen kommt auf Umwegen zur Geltung, und diese haben den Vorzug, unserem Sensualismus Grenzen zu ziehen und den Reiz zu verewigen. Wie in den Bildern schafft sich Renoir auch hier fördernde Widerstände. Er übertreibt die natürliche Fülle der Hüften und gewinnt so im Zentrum des Körpers ein üppiges Spiel von Wölbungen, das den nach oben und unten ausklingenden Kurven zustatten kommt. Um die Differenz noch zu erhöhen, werden die mädchenhaften Brüste und der Kopf möglichst klein gehalten. Die Übertreibung müßte den Körper gefährden, wenn sie nicht von der Komposition neutralisiert würde. Nicht zufällig hält die Venus die rechte Hand mit dem Apfel vor den Leib und entfernt sich der andere Arm so weit wie möglich von der Hüfte, in der Hand das schräg zu den Füßen hinabwallende Tuch haltend. Als Renoir diese Bewegung gefunden hatte, war das

Venus. Bronze, 1914.

Problem des ganzen Werkes gelöst. Auf der linken Seite entsteht zwischen Körper, Arm und Fuß eine energisch ausladende Form, etwa rechtwinkliges Dreieck, und die Spitze des Dreiecks, der Tuchzipfel in der Hand, befindet sich der größten Breite der Hüfte gegenüber. In der Natur würden wir infolge der verschiedenen Materien das Dreieck kaum realisieren; hier hilft es dem Betrachter, indem es die räumliche Hülle um die Mitte des Körpers bildet. Sobald der rechte Winkel erfaßt wird, glättet sich die Hüftlinie. Man kann die Wirkung etwa mit der eines sackartigen Mantels vergleichen, den beleibte Herren zu schätzen wissen, oder mit der Krinoline, die bekanntlich dünn macht. Es sind typisch skulpturale Wirkungen. Die Winkel zwischen Brust und Arm, zwischen Arm und Tuch und das Gefälle des Faltenwurfs haben größere Bedeutung als Einzelheiten des Körpers. Der Kopf ist die klassische Vollendung des Typs. Die von der Malerei her gewohnte Derbheit der Züge wurde abgerundet und das Haar symmetrisch, frei nach antikem Muster, gescheitelt und geschlichtet. Auch wenn man den Kopf isoliert, behält er den unverkennbar renoirhaften Ausdruck. Die Oberfläche wurde mit Sorgfalt geglättet, eine heikle Seite des Diktats, da der Gehilfe nicht gleich die beabsichtigte kubische Rundheit begriff und, sobald ihn Renoir gewähren ließ, Abgrenzungen der Teile, die als Halter des Flächenspiels in der Fernwirkung ganz unzweideutig gewahrt bleiben mußten, verwischte. Nur weil Renoir eisern an dem Kontrapunkt schwingender Körperformen festhielt und nicht die Struktur der Schwingung, sondern mit genialem Takt die Schwingung der Struktur anpaßte, wurde die vollkommene Zugänglichkeit der Gestalt von allen Seiten, ein Unikum moderner Plastik, erreicht. Sein Wort über Michelangelo orientiert uns. Die Gelenke waren wichtiger als die Muskulatur. Marées hat ebenso gedacht.

Parisurteil. Bronze, um 1915.

Die Selbständigkeit des Bildhauers tritt am deutlichsten bei Berührung mit dem Maler hervor. Renoir hat des öfteren Motive von Gemälden übernommen, immer dann, wenn ihm die gemalte Lösung nicht genügte. Das Bronzerelief Paris-Urteil geht auf das früher erwähnte Bild zurück; ein Bild gleichen Titels, keineswegs gleichen Inhalts. Gemälde und Relief befanden sich auf der Franzosen-Ausstellung im Jahre 1927 bei Thannhauser in Berlin im gleichen Kabinett, und ich war oft in dem Raum, bis mir die Beziehung aufging. Dann konstatierte ich sie mit derselben Historiker-Empfindung, mit der ich mich einst im Park von Versailles von dem Zusammenhang des Bleireliefs Girardons mit dem »Mädchenbad« überzeugt hatte. Im Bilde begnügte sich der Maler mit der sehr flüchtigen

Improvisation des Motivs und dachte kaum ernstlich darüber nach. In groben Umrissen behält das Relief die Anordnung. Hier Paris, dort die drei Nackten, aber diese Feststellung bleibt rohe Statistik. Wie die Stämme der Bäume, im Gemälde unter Laub verborgen, von dem Relief entblößt werden, so enthüllt sich die Bedeutung des ganzen Vorgangs. Das Hochrelief kombiniert sich mit dem Flachrelief. Das geschieht sowohl im Interesse der Fiktion als auch zugunsten des Rhythmus, um möglichst reiche Differenzen zwischen Licht und Schatten zu gewinnen. Sorgfältig wird die Gemeinsamkeit der Pläne gewahrt und mit der Tiefe zugleich das Flächige gesichert. Alle Glieder sind reich bewegt, aber keins dringt unbeabsichtigt über die durchlaufenden Ebenen hinaus. Der Harmonie der Farben entspricht Gliederung und Gebundenheit der mannigfachen Pläne. Das Spiel ist an engere Grenzen gebunden, auf eine viel geringere Auswahl von Möglichkeiten angewiesen, auch auf viel bestimmtere Deutbarkeit. Venus schreitet nicht gefällig gebückt dem Preisrichter entgegen, sondern bleibt hoch aufgerichtet stehen, das natürliche Zentrum der Komposition, eine Siegerin. Sie braucht sich nur zu zeigen, um den Streit zu entscheiden. Gelassen empfängt sie den Apfel und nähert sich der Pose der Venus victorieuse. Paris ist Mann geworden, seines Tuns bewußt, und fügt mit dem Apfel seine Hingabe hinzu. Die Gebärde, im Bilde eine Travestie, gewinnt größte Anmut. Hand und Handbewegungen, die uns im gemalten Paris-Urteil, wenn wir darauf achteten, verletzen müßten, sind von bestrickendem Reiz. Nun ist Paris der göttliche Hirte. Mit ihm beginnt die Geschichte und beginnt die reiche Komposition.

Aus den Unterschieden zwischen Gemälde und Bronze ließe sich ein Kompendium der Ästhetik gewinnen. Das Relief ist nicht ärmer an Rhythmen, obwohl es kaum einen einzigen mit dem Bilde gemein hat und obwohl es gemäß seiner Gattung ärmer sein müßte. Den Ausgleich schafft die für die Bedeutung des epischen Vorgangs entscheidende dramatische Bewegung, die sich der Maler versagte und versagen durfte und die an sich natürlich auch dem Bildhauer kein sicheres Gelingen versprach. Sie versprach es um so weniger, als sie in der Plastik unserer Tage ein Novum bedeutet. Unsere Bildhauer seit Maillol scheuen das Drama wie ein gebranntes Kind das Feuer und verharren in unerschütterlicher Ruhe, auch wenn das Leben um sie herum noch so hohe Wogen wirft. Die angeborene Gesittung Maillols, des Führers, wurde Rezept. Die Vorsichtigen haben recht. Statuarische Langeweile ist immer noch besser für die öffentliche Hygiene als entgleiste Rhetorik. Man hätte am wenigsten von dem Lyriker Renoir diese Remedur erwartet. Es ist der dramatische Wurf eines Lyrikers, nicht das Drama Daumiers, nichts von der Dämonie des gewaltigen Revolutionsbildes, das uns bei der allzu gesicherten Seßhaftigkeit des »Liebespaars« von 1885 einfiel. Auch dem Paris-Relief gibt kein über alle Grenzen brechender Gedanke den Schwung. Seine Schönheit beruht gerade auf der vollendeten Ausgeglichenheit der Schwingung. Nur hat diesmal das Idyll im reichsten Maße die bei dem »Liebespaar« entbehrte Eigenschaft: es zündet. Unser Interesse wird nicht gerissen, aber mit weichen Armen umfaßt und in immer reichere Tiefen gelockt. Solche Tiefenwirkung stand nur dem Maler Daumier zur Verfügung, und zwar zumal, wenn er sich nicht dramatisch gab. Wenn Daumier zur Plastik griff – man mag an das Relief mit dem Zug der Flüchtlinge denken –, blieb er an der Oberfläche haften.

Das Relief war für den Sockel der Venus bestimmt, den Renoir ziemlich groß annahm. Die Ausführung des Ganzen dachte er sich in Marmor, umgeben von einem umfangreichen Wasserbecken; der Marmor vielleicht getönt.

Er scheint hier der Antike sehr nahe, und das wäre logisch. Mußte sich nicht gleich dem Motiv des Paris-Gemäldes das latente Verhältnis Renoirs zur griechischen Kunst in aller Fülle enthüllen, sobald er die Staffelei verließ und sich der Kunstgattung bediente, die wir als vornehmstes Medium antiker Schöpfung anzusehen gewohnt sind? Zumal wenn er auf einen so urgriechischen Vorwurf geriet. Wem sonst konnte seine Plastik den Gewinn dramatischer Gebärden verdanken, wenn nicht den Vorbildern im Bereich der Akropolis?

Diese naheliegende Vermutung erfüllt sich nicht. Stellt man wirklich einmal das Paris-Urteil neben griechische Werke, so ergeben sich die sonderbarsten Gegensätze. Die Entwicklungsgeschichte kehrt sich um. Griechische Reliefs aus der uns teuersten Epoche haben ungleich malerischere Form, bleiben viel enger mit der Fläche verbunden. Von späteren griechischen Hochreliefs aber entfernt sich Renoir erst recht. Es wäre ungereimt, an die Glanzstücke der alten Tempelfassaden zu denken, die schon das räumliche Ausmaß und die auf Fernsicht berechnete Anlage dem Vergleich entziehen. Man muß sich an zugänglichere Beispiele halten, die das Hochrelief mit dem Flachrelief kombinieren. Meist begnügt sich der griechische Bildhauer mit der Wiedergabe einer der Wirklichkeit entnommenen lyrischen oder dramatischen Szene, deren Stimmungsgehalt er vereinfacht zur Geltung bringt. Die Vereinfachung wird im wesentlichen von den Widerständen des Marmors bestimmt, nicht von dem schöpferischen Willen, die Szene auf das Spiel flächiger Systeme im Raum zu übertragen. Nur auf dieser Übertragung aber beruht die Größe der Meisterwerke aller Zeiten und Zonen, auch die Schönheit der seltenen, vollkommenen griechischen Reliefs. Nur sie erlaubt uns, die Fremdheit oder die allzu nahe Vertrautheit des Einzelfalls, auch des in Tausenden von Exemplaren wiederholten Einzelfalls, zu überwinden und jenseits von ethnologischen, literarischen, kulturhistorischen Interessen die Harmonie der Form zu empfangen. Die Bewegung der Flächen, mit deren Hilfe Renoir die Regie seines Theaters denaturalisiert und den Ausdruck in räumliche Form erhöht, beunruhigt den Betrachter. Die Unruhe bleibt ihm bei dem üblichen griechischen Relief erspart. Er liest es im Schlafe. Es ist im figürlichen Sinne unbewegt, auch wenn es von Dramen handelt, und begrenzt die Handlung auf ein einmaliges lebendes Bild. Renoir kombiniert mit der gegebenen Gleichzeitigkeit des Bildes ein Hintereinander von Vorgängen, indem er uns durch das Flächenspiel in die Paris-Geschichte und durch die Paris-Geschichte hindurch in seine und unsere Gegenwart führt. Damit wird der Szene alles Archäologische entzogen. Die Lokomotion des Götterboten, der von irgendwo in die Szene hineinfliegt, widerspricht unserem Realismus nicht, weil Hermes auf keiner Wolke, sondern auf einer organisch bewegten Fläche reitet, und ebensowenig beharren wir bei der Überlegung, ob in unseren Tagen ein Mann darauf fallen könnte, den Apfel als Symbol seiner Huld zu verwenden, und ob die Göttinnen damit zufrieden wären. Alles das kümmert uns so wenig wie das Theater, auf das die Insassen einer Loge Renoirs ihre Operngucker richten, obwohl wir mit allem Behagen an der Festlichkeit teilnehmen. Ohne diese Tragfähigkeit der Handlung, ohne bildliche Bewegung sinkt das antike Werk in die Vergangenheit und wird passives Objekt einer Legende. Die Ausnahmen sind, auch wenn sie von durchaus vergangenen Dingen handeln, jeden Augenblick fähig, die Legende bis in unsere Epoche weiter zu führen.

Es ist der entscheidendste aller Gegensätze, der zwischen aktiv und passiv. Wir achten strenger auf ihn in der Gegenwart und lassen uns bei Werken der Vergangenheit gern von unserer Bequemlichkeit, die wir mit Pietät verwechseln, beschwichtigen. Diese Gegensätze heben das, was uns an Renoir griechisch anmutet, nicht auf, denn das beruht ja nicht auf der Übereinstimmung mit zufälligen Resten griechischer Plastik, sondern auf einem überlieferten Griechentum, das sich fern von Hellas im Laufe langer Zeiten entwickelt hat und dessen Ursprung gedacht, aber nicht greifbar gemacht werden kann. Wir nennen griechisch in Renoir das, was uns an manchen Heiligen in frühgotischen Kathedralen so erscheint, das Lächeln, das eine Madonna Fouquets von einem van Eyck trennt, die Fülle in den Frauengestalten der Fontaine des Innocents von Goujon, dem Werk, das schon der kleine Porzellanmaler in seiner Mittagspause für sich entdeckte und nie vergaß, das wir in vielen liegenden Baigneusen seiner späten Gemälde wiederfinden und das sonderbarerweise den Maler stärker als den Bildhauer befruchtet hat. Griechisch ist uns der von aller Akademie verschonte Rhythmus in den Zeichnungen Poussins und vieler seiner nahen und fernen Nachfolger. Griechisch möchten wir den Dichter in Renoir nennen, seine Fähigkeit, den Akt des Stubenmädchens zu vergöttlichen, ohne ihm seine Herkunft zu rauben, griechisch jeder Garten des reifen Renoir, ein Arkadien. Wir würden das Arkadien für den sublimierten Begriff des Französischen halten, hätten uns nicht auch seltene deutsche Meister, zumal Hans von Marées, dahin geführt. Man kann der Plastik Renoirs keine besondere Förderung seines Hangs zum Arkadischen zuschreiben. Die Belege sind viel zahlreicher in der Malerei. Der Unterschied zwischen der alten Odaliske und den späten Nachfolgern beruht nicht zuletzt auf dem befreiten

Griechentum. Wohl gab es das versteckt schon in der Frühzeit, aber es hatte damals mit Courbet und dem Impressionismus und mit der Reaktion auf den Impressionismus zu rechnen und wurde auch von dem Einfluß Delacroix', dem diese Art nicht nahelag, kaum gefördert. Es hatte um so größere Mühe, sich zu behaupten, als es Renoir selbst entging und von ihm nicht unterstützt wurde. Früher wären ihm szenische Hilfen, die sich nicht auf dem unmittelbaren Gesichtsfeld befanden, nie in den Sinn gekommen. Mit solchen Mittelchen, hieß es damals, drückte man sich um die Natur herum. Selbst Cézanne, der einzige von besserer Einsicht, der es in den siebziger und achtziger Jahren nicht für Frevel hielt, neben den draußen gegebenen Dingen Visionen von unverbürgter Herkunft zu malen, wurde mit dem Alter bedenklich und bekannte sich immer strenger zum »Motiv«.

Der kleinen nackten Tänzerin mit dem Tamburin, auch eine Huldigung an Anakreon, hilft die Einfassung durch die beiden griechischen Säulen. Man spürt, wie flink der Rahmen entstand, und bedarf dieses Eindrucks. Jede Betonung der Stabilität würde zu dem alten Säulenklischee führen. Das Dekor ist nur für den Augenblick, während die Kleine hindurchtanzt, bestimmt, und die gerieften Vertikalen, ein paar aquarellmäßige Striche, sollen nur der stark gebogenen Hüftenlinie und der Bewegung der Arme standhalten.

Solche spielerischen Improvisationen huschen auch im Œuvre schnell vorbei gleich munteren Delphinen, und dazwischen stehen die Werke wie die zahllosen festgeformten grünen Inseln des Ägäischen Meers. In dem Mädchen beim Brunnen erhöht sich der Ton der Lyrik und wird zu dem schwärmerischen Motiv eines Volkslieds, von einem Schubert in Akkorde gesetzt. Die weiche Modellierung hat kaum Widerstände zu überwinden, und die Kurven schwingen gelassen aus wie in einem vollendeten Relief griechischer Meister. Derbere Akzente bringt nur die Vegetation und allenfalls das Gesicht mit den ungeschwungenen Zügen. Sie hemmen nicht den Rhythmus und wehren nur einer allzu vorschnellen Deutung. Der reiche Körper könnte immer noch einem Mädchen vom Lande gehören, aber gleich meldet sich die leise Frage, wo das Land zu suchen sei. Sonore rötliche Fleischtöne begleiten die Pläne des Körpers. Das Kolorit der Gewandung, das fleckenhaft behandelte Haar und das starke Grün des Laubs oberhalb des Kopfes tragen Kontraste hinzu und öffnen das Plastische des Bildes. Wir gleiten zwischen Relief und Malerei. Den Rest vollbringt ein winziges Requisit: der flüchtig skizzierte antike Wasserspeier im Hintergrund. Schon sind wir in Arkadien.

Das Griechentum schmückt Renoir für die Begegnung mit Delacroix. Er steht vor den Manen des Vorgängers nicht mit leeren Händen. Neben dem Universalismus des heimlichen Königs, der mit Dante, Shakespeare, Goethe verkehrte, dem alle Legenden zuflossen, dem der See von Genezareth Gesichte schenkte, wurde alles, was nachher kam, zu Improvisationen oder, wie Renoir einmal sagte, zu Fingerübung. Der Nachfolger bot ihm die am wenigsten von unserer Zeit zu erwartende Gabe, eine von aller Dämonie erlöste Einfalt, und trug ihm die einzige Form zu, die den gewaltigen Kosmos zu beschenken vermochte. Die Ergänzung liegt nicht in dem Beitrag des Bildhauers, eher schon in der Art, wie der Beitrag zustande kam, und zumal in dem Plastischen der Malerei, in dieser das Barock überwindenden Statik. Das Auge, das von der Gliederung des ruhenden Hirten oder des Mädchens am Brunnen voll ist, entbehrt bei ähnlichen Motiven Delacroix' die gleiche räumliche Fülle oder findet sie nur in einer Andeutung, die man improvisiert nennen dürfte und die keine Resonanz des Griechentums erlaubt. Der Meister des »Massacre de Chios« und der »Ruinen von Missolunghi« sah ein anderes Griechenland. Dem feurigen Romantiker war das kontemplative Verweilen am Brunnen nicht gegönnt, und er hat dessen – unnötig, es auszusprechen – nicht bedurft. Trotzdem fiele es uns schwer, das Versprechen in dem Legendenhaften Renoirs gegen die Fülle realisierter Legenden zu tauschen. Wir werden nicht vor die Wahl gestellt. Die Farbe und mehr als das, eine Farbigkeit, Symbol der befreiten menschlichen Regung, verbindet die beiden. Delacroix hätte in dem Beitrag des Jüngers keinen Gegensatz, sondern Zuwachs des gemeinsamen Patriotismus gesehen. Man könnte sich eine Fortsetzung des »Journal« mit dem posthumen Zwiegespräch denken. Die Skepsis, deren sich beide befleißigten, gäbe den Rahmen der Unterhaltung. Die Intimität geht über glückliche Beziehungen auf Erden hinaus. Sie vermeidet die Störung durch Zeit und Raum und die mangelhafte Eignung gewohnter Austauschorgane.

Die Lyrik speist Renoirs Fähigkeiten für die Dekoration. Eine Wand mit Werken seiner Hand schmückt sich mit Kränzen auch dann noch, wenn die Bilder aus verschiedenen Zeiten stammen. Der große Renoir-Salon im Privathause der Bernheim Jeune ist vom Boden bis zur Decke mit dreißig oder vierzig Bildern aus allen Epochen tapeziert. Ähnlich war es früher zu Lebzeiten des alten Durand-Ruel im Hause der Rue de Rome. Mancher kultivierte Gast findet solche Bilder-Zimmer unangenehm und vermag seine Abneigung mit gutfundierten Gründen zu belegen. Ein mir befreundeter deutscher Architekt wollte darin nicht begraben sein, was ihm nicht zugemutet wurde. Vielleicht möchte man nicht einmal darin leben. Das teilen solche Zimmer mit weniger profanen Räumen, zu deren Würdigung hygienische Rücksichten nicht ausreichen. Mag plutokratische Laune oder Spekulation die Ansammlung entstehen lassen, gerade in der Häufung kann, wenn es sich um Renoir allein handelt, ein Moment der Schönheit liegen. Bei den Bernheim Jeune findet sich das Auge mit den Rahmen ab und bindet nicht nur die vier gleich großen Baigneusen über der Flügeltür mit dem frühen Blumenstück in der Mitte zu einem üppigen Fries zusammen, sondern gewinnt auch aus den durchaus anders gearteten unteren Teilen dieser Wand und aus den ebenso verschiedenen Bildern der anderen Wände die Felder eines strahlenden Raums. Andere Epochen hatten für ihre Erbauung die Empore von St. Marco, das glühende Glasfenster von Chartres, die Pfeiler von Bamberg. Wir haben den Salon des reichen Händlers und hätten nichts, wenn wir ihn nicht gelten ließen.

Renoir wollte organischere Dekorationen. Er sagte mir einmal in den neunziger Jahren, jedes Lokal sei ihm recht, wenn man ihn nur gewähren ließe, und auf Wunsch würde er die Geschichte des Champignon verewigen. Ein paarmal fielen ihm Aufgaben dekorativer Art zu. Durand-Ruel bat ihn und Monet, die Türen zweier Zimmer mit Bildern zu schmücken. Monet lieferte seinen Teil pünktlich ab. Renoir brachte mit Mühe eine Tür statt der beiden, die er machten sollte, zustande und überließ schließlich seinem Schüler André den Auftrag. Ähnlich ging es mit seinem Freunde Gallimard, der auf einer Tür die Ödipus-Tragödie dargestellt haben wollte. Renoir hat sich sehr lange damit beschäftigt und eine Menge Kohlezeichnungen und verschiedene farbige Entwürfe hinterlassen. Eine der schönsten Skizzen ist hier abgebildet. Man könnte glauben, er habe den Ödipus, wie ihn Delacroix gesehen hätte, gemalt und für ein Festspiel verwendet. Die Anordnung verrät einen

Oedipus. Zeichnung, 1895.

Dekorateur größten Stils, aber die Tür kam nicht zustande. Lag wirklich, wie Freunde des Künstlers glauben, die Schuld an seiner Unfähigkeit, sich einem bestimmten Auftrag zu fügen? Ich möchte eher vermuten, daß ihn die Verwendung von Türen für griechische Tragödien hemmte. Einen Saal hätte er schneller bezwungen. Wesentlich später, kurz vor dem Kriege, kam es zu dem für Lyon bestimmten Gobelin-Entwurf mit dem alten Flußgott, der die Nymphe umfaßt; Symbol der Vereinigung der Saone mit der Rhone; eine der schönsten Kompositionen, eingefaßt von einem den Gobelins des 17. Jahrhunderts frei nachgebildeten architektonischen Rahmen. Auf der kleinen Renoir-Ausstellung bei Flechtheim im Winter 1927 hing der Entwurf zwischen den beiden Panneaux mit kranztragenden Mädchen, und schon diese denkbar primitive Darbietung ließ die Möglichkeiten einer Dekoration großen Umfangs ahnen.

Alle diese Dekorationen sind Skizzen geblieben. Der Gobelin-Auftrag, der ihn hätte reizen können, kam zu spät. Hätte das Stäbchen auch für kollektive Wandmalerei gereicht? – Er hat tatsächlich daran gedacht und sich nach Handwerkern umgesehen, und zwar suchte er sie nicht unter den Kunstmalern, sondern unter den Anstreichern des Landes. Seine Unbeweglichkeit hinderte ihn, die Recherchen weit genug zu treiben. Ich bin überzeugt, die Hände, die er brauchte, wären zu finden gewesen. Noch in der letzten Zeit wollte er das Treppenhaus in Cagnes mit Fresken schmücken, hatte bereits die Einteilung der Wand vorgesehen und Proben auf kleine Mauerstücke gemacht, echtes Fresko auf den frischen Bewurf gemalt. Zwei der Proben sind erhalten und bezeugen die Eignung. Die Verwandtschaft mit den kostbarsten unter den kleinen Fragmenten in Neapel springt ins Auge; dieselbe behende Niederschrift des naiven Eindrucks, in die helle Farbigkeit eines Modernen übertragen.

Er hatte ganz bestimmte Vorstellungen, wie die Freskentechnik zu erneuern war. Auch die Plastik hoffte er für Dekorationen zu verwenden, plante fortlaufende Friese, farbige Terrakotten-Reliefs und dergleichen. Die sechs großen bekränzten Medaillons mit Künstlerköpfen sollten ähnlich wie die della Robbias ausgeführt werden.

Diese Reliefs sind erst nach dem Tode bekannt geworden. Dasselbe gilt von einer ganzen Reihe anderer Plastiken. Darunter befindet sich die Gruppe Mutter und Kind, eins der bedeutendsten Werke des Bildhauers. Wir kennen das oft veränderte Motiv aus den Bildern der problematischen Epoche. Die erste gemalte Fassung kam Renoir zufällig im Sommer 1915 kurz nach dem Tode seiner Gattin wieder vor Augen. Die Verstorbene hatte einst mit dem ältesten Sohn als Säugling für das Bild gesessen. Es lag nahe, die anspruchslose Schaffnerin seines Hauses in der Haltung, die ihr die natürlichste und ihm die liebste war, zu verewigen. Überdies schrie das farblose Fragment förmlich nach Modellierung. Er hielt sich an die gegebene Situation. Das Kind liegt in ähnlicher Haltung und greift während des Trinkens ganz wie im Bilde an sein Füßchen. Hut, Jacke und die derben Schuhe der ländlichen Mutter wurden beibehalten, und Renoir hat sich nur begnügt, den Dingen Leben einzuhauchen. Im Bilde versagt die Zeichnung gerade das, was sie offenbar vor allem geben wollte: das Volumen. Der Maler suchte die Form und hielt die Farbe zurück. Der Umriß isoliert die Gruppe im Bilde, und infolgedessen erstarrt der Körper, gerät ins Unförmliche und wirkt nahezu grotesk. Der Bildhauer löst die Starre, und das wird mit erstaunlich geringen Eingriffen erreicht. Die Entscheidung bringt der frontale Aufbau und die kaum merkbare Verschiebung der Lage des Kindes, das ein wenig höher gerückt wird. Der Schoß der Mutter

Mutter und Kind, 1886.

behält den Umriß, aber wird solide gebaut. Jetzt spürt man unter dem Kleid die Schenkel, zwischen denen das Kleine, gebettet in einer Mulde, liegt, und damit gewinnt die ganze Gruppe Gesicht und Form. Vielleicht ist der meßbare Umfang der stattlichen Mutter kaum geringer als im Gemälde, aber der Blick kümmert sich nicht darum, da ihn nur die Aktion der Glieder interessiert. Auch der Kopf spricht ganz anders. Vorher hat er uns angelächelt. Jetzt kehrt sich das Gesicht vom Betrachter ab und schaut mit leicht geöffnetem Munde geradeaus; normaler Ausdruck der Mutter, die sich unbeobachtet ihrer natürlichen Funktion hingibt. Die Züge haben sich vereinfacht. In dem frühen Bilde liegt das Typische in einer undifferenzierten Rundheit, die man als Einfalt deuten konnte und die ins Kugelige geriet. Bei aller Einfalt verschwieg das Bild nicht den voreingenommenen Maler, der mit den Rundheiten eine geometrische Sicherung versuchte, und die Absicht verstimmte. Dieser Formalismus ist längst überwunden. Früher hatte sich Renoir monatelang mit dem Bilde gequält und es schließlich aufgegeben. Jetzt genügt ein Blick. Er gab der Gruppe etwas von der derben Lebensfreude, die van Gogh den Bauern Millets einzukerben verstand, nur blieb das Runde der großen Tradition, das sich van Gogh versagte.

Ein Nachspiel. Renoir hatte mit dieser Rettung nicht genug und nahm das Motiv noch einmal auf die Staffelei, um dem Koloristen das letzte Wort zu lassen. Das Bildchen hängt bei Pierre Renoir; kein Hauptwerk, aber ein interessantes Dokument für Renoirs Fähigkeit, die Mittel zu unterscheiden. Das Datum steht nicht genau fest. Womöglich ist das Bild mit der Plastik am gleichen Tage entstanden. Die Bronze steht von allen Fassungen bei weitem am höchsten.

Auch das Paris-Urteil wurde noch einmal gemalt und mißglückte. Renoir sparte nicht mit der Farbe, aber vermochte diesmal nicht, von der Plastik loszukommen und das Spiel der Flächen zu übertragen. Auch seine Beweglichkeit hatte Grenzen.

In die letzte Zeit fallen auch die beiden hockenden Gestalten, ein junger Hirt beim Schmieden und eine Wäscherin. Die Modellierung blieb hier ganz summarisch, und wieder erkennt man, um wieviel mehr es auf die Form zwischen den Gliedern als auf das Glied selbst ankommt. Renoir verzichtete zunächst auf die Rundheit im einzelnen, um das Spielerische zu vermeiden, und schrieb Guino eine hammerschlagartige Behandlung der Flächen vor. Das widersprach eigentlich, wenigstens nach landläufigen Vorstellungen, dem kleinen Format, aber erwies sich als gefundene Technik für die ersten Fassungen, die als Entwürfe zu gelten haben. Freilich wäre die bezwingende Art dieser Werke nicht zu übertreffen. Da man nur diese Fassungen kennt, werden sie gern zur Kleinplastik gerechnet. Auch wenn die »Wäscherin« nicht lebensgroß existierte, träfe die Bezeichnung nicht zu. Das begrenzte Format ist nur die Kurzschrift eines jeder Ausdehnung zugänglichen Gefüges. Renoir wollte beide Stücke, die als Pendants, Symbole des Wassers und des Feuers, gedacht waren, lebensgroß, und Guino hatte bereits die »Wäscherin« im großen roh angelegt, Renoir aber noch nicht mit seiner Arbeit begonnen, als ein belangloser Anlaß den Meister und den Gehilfen trennte. Guinos Nachfolger war leider weniger geeignet.

Fast alle Werke des Bildhauers sind unabhängig vom Format, meist auch vom Material. Für die hockenden Gestalten ist die Bronze ideal geeignet. Diese Unabhängigkeit gehört zum Wesen der Renoirschen Plastik und ist mitbestimmend für ihre Stellung zu den beiden zeitgenössischen Meistern, die für die

Entwicklung der Plastik entscheidend geworden sind. Sie hat von beiden, mehr von Maillol als von Rodin, und besitzt ein Drittes. Wenn Renoir im Gespräch auf Maillol kam, spürte man etwas von väterlicher Wärme. Er liebte die kleinen Bronzen, hatte sie um sich; sie gehörten zu seinem Hausrat, und er hat sie gemalt. Möglicherweise gab Maillol dem Bildhauer einen Teil der Anregungen zurück, die er selbst einst von früheren Bildern des Malers empfangen hatte. In der Renoirschen Anschauung von dem Handwerk und der korporativen Schöpfung gibt es nur diesen Nachfolger. Bonnard hat verschwiegenere Seiten auf verschwiegeneren Wegen weitergetragen; den Hang zum Hymnus, Gefühlswerte. Seine Zugehörigkeit löst tiefere Gedanken in uns aus und erscheint bedeutender. In seiner unbewußten Hingabe kehrt etwas von dem Verhältnis Renoirs zu Delacroix wieder, gehemmt von einem überempfindlichen Artistentum, das dem Alten ganz fern lag und ihn hinderte, den Nachfolger zu erkennen. Maillol hat von den Möglichkeiten Renoirs nur eine erfaßt und vollkommen entwickelt. Er übernahm die griechische Rundung. Dixhuitième und Barock fehlen, auch das Schwebende und Schwellende der Form, die Leichtheit der Improvisierung und der Dekoration, obwohl er als Dekorateur begonnen hat. Das Griechische, bei ihm eine allem Problematischen entrückte Anlage, entfernt ihn fast aus der Reihe der Franzosen. Seine Modellierung schleift die Widerstände Renoirs weg und mit ihnen Möglichkeiten der Ausdehnung ins Unbegrenzte, auf die wir nicht leichten Herzens verzichten.

Rodin war Zeitgenosse. Er repräsentierte die einst geteilte, dann gehaßte, dann überwundene Losung des Impressionismus. Über die schattenreiche Metaphysik und die Erotik des Schöpfers der Höllenpforte dachte Renoir wie über die Maschinen Wagners, und der Balzac war ihm ein Greuel. Nichtsdestoweniger gehört Rodin zu den sechs Köpfen, denen er die bekränzten Reliefs widmete, Zeichen der Zugehörigkeit. Die Zeit quittierte zu eilfertig die Irrtümer Rodins, um die Wucht seines Genius gerecht bewerten zu können. In der Abneigung der Generation Maillols, die auch in witzigen Besuchern des Hauses in Cagnes nachklang, vermißt man das Verständnis für die Realitäten einer dramatischen Vision. Den prinzipiellen Verzicht ließ Renoir hier so wenig gelten wie im Bereich Delacroix'.

Wenn wir besser über seine Plastik, deren wesentlichster Teil in die Kriegsjahre fällt, unterrichtet wären, ließe sich vielleicht auch in dieser kurzen Entwicklung ein Schließen und Öffnen des Organismus erkennen. In den spätesten Bronzen scheint die Form auch für gewählte Wirkungen Rodins offen. Die beiden Stücke mit hockenden Gestalten stehen dem Rodin der »Bourgeois de Calais« nicht allzu fern, jedenfalls näher als dem Nachfolger. Renoir liebte an Maillol den zugreifenden Handwerker ohne Furcht und Tadel, ohne soziale Voreingenommenheit, geschweige Selbstüberhebung. Diese Einfalt ließ Rodin zuweilen schmerzlich vermissen. Es hätte allen seinen Voraussetzungen widersprochen, Renoir zum Bildhauen zu ermuntern. Der Nimbus um den geheiligten Schöpferakt verbot das Stäbchen. Maillol hat dem Alten nicht abgeraten.

DAS ENDE

Der Bildhauer hemmte nicht den Maler. Auch quantitativ erreicht die Produktion an Bildern im letzten Jahrzehnt das Maximum. Kleine und kleinste Formen überwiegen. Oft stellte er auf einer Leinwand ein Dutzend Bildchen zusammen, als wolle er jedem Landsmann ein Andenken hinterlassen. Er liebte es, die Leinwand zu tätscheln. »Peloter la toile« nannte er den Zeitvertreib und verübelte van Gogh, nicht dergleichen zu tun. Das klingt wie Großpapa vor dem Einschlafen, aber man muß auch jetzt noch auf Überraschung gefaßt bleiben. In der letzten Zeit kommt es zu umfangreichen Werken von größter Intensität. Das Idyll mit den beiden nackten Mädchen ist ein Hymnus mit allen Registern, ganz hell, mit der betörenden Hexerei von Versen, die der Zufall mitten in unsere gespannte Arbeit, in der am wenigsten geeigneten Minute, hereinweht. Plötzlich hören wir nur noch diese von irgendwoher stammenden, für unser Tun und Treiben vollkommen unbrauchbaren singenden Worte. Sie setzen sich auf das Paket, das wir gerade schleppen, dieses entsetzlich wichtige Paket, das, wenn wir nur eine Minute halten, ganz sicher auseinanderfallen muß. Wir sind da, wir bleiben, und tatsächlich wird man den Singsang nie wieder los, und wenn man ihn einmal nicht mehr ganz genau im Kopf hat, läßt man wieder alles stehen und liegen und läuft nach dem Buch.

In dem großen »Spiel der Baigneusen« tobt sich noch einmal ein Junger aus, sorglos wie beim ersten Mal. Lose Hemden, Brüste, Hüte, nackte Hinterteile, und vorn eine in der Stellung der Venus, wieder zur nackten Bonne geworden. Er war kaum

Idyll, um 1914.

fähig, sich zu zügeln, und wir sind kaum fähig, zu folgen. In dem Bilde mit spielenden Baigneusen, bei Barnes, geht der Übermut fast noch weiter.

Andere Bilder lassen nach, aber es bleibt ungewiß, ob sie als vollendet zu gelten haben; so das halb sitzende, halb liegende Mädchen vor dem Gebüsch mit der ganz skizzenhaften Szene im Hintergrund oder das übergroße Idyll mit den beiden liegenden Baigneusen, im Luxembourg, deren räumliche Disposition nicht überzeugt. Aber noch im letzten Lebensjahr malt er unter vielem anderen das »Konzert«, eine seiner verschwenderischsten Schöpfungen, restlos vollendet. Diesmal sind die Mädchen kostümiert und sitzen zwischen Blumen in einem Zimmerwinkel. Die eine, zu Füßen der anderen, klimpert auf einer Gitarre und trällert; die andere, in dem berühmten Bolero, überläßt sich träumend den Klängen. Es ist eng auf dem Bild wie in einem dicht gesteckten Rosenbukett. Die Komposition aus fließenden Stoffen, blühendem Fleisch, vielfarbigen Rosen, hat die Gedrungenheit einer auf knappstem Raum begrenzten Begebenheit. Der Tisch mit der unentbehrlichen Horizontalen, auf der sich die Rosen ausbreiten, hat genau seinen Platz. Nacken, Arme, Hände und der Kopf dazwischen könnten nicht um Millimeter anders sitzen und liegen, und die üppigen Körper dehnen sich aus wie die Rosen über der Vase. Man wird an die Musik der beiden Tanzpanneaux bei Gangnat erinnert, zumal an die schwarze Tänzerin mit den Kastagnetten, aber jetzt erscheinen uns jene schweren Klänge, die nur eine ganz gemessene Bewegung erlaubten, fast primitiv. Zehn Jahre ist es her. Noch einmal hat sich Renoir gesteigert. Raum, Fläche, Farbe, Struktur, früher waren es Substanzen, obwohl durchsichtige Rosengewinde. Wir steigen fliegend, während die Begriffe unten bleiben. – Die Mädchen aber sitzen gelassen im

Spiel der Baigneusen, um 1915.

Winkel bei ihrem Konzert. Mal du nur zu, wir klimpern uns was, brauchst nicht zuzuhören, wir erzählen dir nichts. Du mit deinem Pinsel und deinen Geschichten wirst uns auch nichts erzählen.

In der weit getriebenen Skizze zu dem Bilde sind die Rosen erst im Werden, haben noch nicht die Kraft der Berauschung, aber blühen auch schon. Jeder Zustand Renoirs war so. Selbst die Bildchen des Porzellanmalers blühten schon.

Für Claude, der Keramiker wurde, legte er eine kleine Brennerei in Cagnes an und zeigte dem Jungen, wie man die Glasuren auf den Ton zu bringen habe und wie das Feuer zu halten sei. Auch Jean, der zweite Sohn, hat, bevor er zum Film ging, Keramiken gemacht. Pierre, der älteste, der am besten über den Vater Bescheid weiß, ist ein hervorragender Schauspieler geworden. Renoir bemalte in der letzten Zeit eine Menge kleiner Teller und Schalen mit Mädchenköpfen, kleinen Landschaften und dgl. Sie erinnern an die populäre Fayence von Limoges, seiner Vaterstadt.

Es blieb nichts unerfüllt, was begonnen wurde, und das Dasein Renoirs rundete sich wie seine Kunst. Er aber tat so, als wisse er nichts von dem Plan seines Lebens und als sei das alles zufällig so gekommen, ein Kork, den man ins Wasser wirft. »Der Kork segelt los, gerät in einen Wirbel, schwimmt zurück, taucht unter, kommt wieder nach oben, hakt sich an einen Strauch, tut alles mögliche, um loszukommen, und verschwindet schließlich wer weiß wohin.« – So sprach er kurz vor dem Tode zu Albert André. Das letzte Bild wurde am 16. Dezember 1919 gemalt. Im November hatte er sich eine seiner vielen Lungenentzündungen geholt und sie anscheinend leichter als die vom Vorjahre überstanden. Abends fühlte er sich wohl, rauchte seine Zigarette und wollte für Claude ein Vasenmodell zeichnen. Man fand keine passende Kreide. Am 17. Dezember früh zwei Uhr ist er entschlafen.

*

Das Ereignis setzte einige Händler in Bewegung und verschwand zwischen Debatten über den Friedensvertrag. Auch in Frankreich, zumal in Frankreich. Man nahm ihn für einen Maler und fand Achtundsiebzig ein schönes Alter. Der Nationalismus stieg höher als je, aber führte nicht zur Totenfeier für diesen Franzosen. Ein Maler? Also war Molière ein Komödiant, Voltaire ein Literat, Napoleon ein Soldat? – Lieber noch ein Handwerker, Handlanger seines Volkes. Der Dialektik der Rechtsanwälte und Deputierten, dem Mißtrauen sparsamer

Bürger, den großen Skeptikern und kleinen Blagueurs hielt Renoir sein Bekenntnis entgegen und ließ sich begraben. Sie haben ihm zu Lebzeiten die Aufgaben verweigert, und es ist ihnen nicht einmal nachher eingefallen, sich um ihn zu kümmern. Keiner von den großen Künstlern der Zeit wird in der Öffentlichkeit seiner Heimat geringere Spuren hinterlassen. David, Delacroix, Ingres, Corot, Courbet, Manet fanden würdige Plätze im Louvre. Rodin hat sein üppiges Museum, und für die vergänglichsten Werke Monets wurde eine eigene Stelle geschaffen. Cézanne kann sie noch erhalten. Renoir verschwindet. Fast alle wesentlichen Wegzeichen der Entwicklung sind im festen Besitz des Auslands; viele Hauptwerke, nicht nur die 175 Bilder der Barnes Foundation, jenseits des Wassers. Amerika stürzt sich mit Leidenschaft auf ihn, als wüßte es, wieviel Kräfte dieser letzte Europäer akkumuliert hat. Frankreich sieht zu. Keins der zahllosen Organe öffentlicher Kunstversorgung, die in den fernsten Kulturgebieten graben und forschen, bemerkt die Lücke.

In dieser groben Vernachlässigung verrät sich einmal unverhüllt die Belanglosigkeit des Gegenstands unserer Studien. Ist es die Kunst? Widerspricht unser soziales Gefüge dem Schönen? – Damit könnte man sich abfinden. Wie kommt der Künstler dazu, spielen zu dürfen, wenn alle anderen schuften und schwitzen? Keine Öffentlichkeit bedarf für ihre Würde der Malerei. Sie kann ohne Fresken ebenso anständig, unter Umständen geistiger leben. Wie kommen die wenigen Zuschauer zu dem Recht auf ihre Sitze? Es bleibt durchaus zweifelhaft, ob die heutigen Kunstempfänger, die wirklichen, die Kenner, zu den interessantesten Exemplaren der menschlichen Spezies gehören und ob ihre Sensationen besondere Beachtung verdienen. Man kann es dem sozialen Instinkt kaum verübeln, alles außer der

Das Konzert, um 1919.

Reihe auf Geltung dringende Ästhetentum radikal abzulehnen. Es sind aber Ausnahmemenschen denkbar, die ihre Ausnahme zurücknehmen. Sie fordern nichts; der Einfältigste kann sich an ihnen wärmen, und nur in dem Anspruch an die Geschmeidigkeit ihres Genius, der sich trotz der Einreihung und gerade deshalb reinigt und steigert, kennen sie keine Grenzen. Man sollte meinen, unter solchen Umständen büßten die Hemmungen einer auf Individuen angewiesenen Kultur ihre Bedeutung ein, und die Gemeinde müsse zum Künstler zurückfinden, wäre er ihr auch nur ein Fahnenträger. Kindlicher Irrtum. Gesetze werden nicht für Ausnahmen erlassen. Es gibt keine Verkleidung, unter der ein nicht der Materie dienstbarer Mensch Einlaß in unsere Reihe finden könnte.

Das letztemal sah ich ihn in Paris in seinem Atelier. Auf der

Staffelei stand das große Porträt der Tilla Durieux. Die kühle Besinnung dieser Frau lag ihm nicht, und er begnügte sich, sie zu schmücken. Es war am Tage nach dem Mord in Sarajewo. Renoir saß zusammengesunken auf dem Rollstuhl mit den Gummirädern. Die Gestalt war kleiner geworden und erinnerte an Tizians gebückten Papst mit den Nepoten in Neapel. Das Gesicht hatte denselben vom Alter geschärften Spürsinn, ohne die lauernde Tücke. Mir hämmerten die Schlagworte der Straße im Ohr, und ich war zu ihm gegangen, um von etwas anderem zu hören. Wenn es einen Ort in der Welt gab, wo man der Wolke entgehen konnte, war es hier. Natürlich kam ich sehr bald auf das Gespräch des Boulevard. Er antwortete spärlich, und seine trockne Art versagte die Zuversicht. Früher in dem lichten Zimmer in Cagnes war es auch nicht viel anders gewesen. Ich immer entflammt, und er trocken und nüchtern. Man kam nie unbeschenkt aus einem Gespräch, aber die Bejahung mußte man den Bildern entnehmen. Er schien auf seinem Stühlchen stets zur Abfahrt bereit. Man hätte sein Alter haben müssen, um ihm nahezukommen.

An jenem letzten Tage in Paris sah ich viele neue Bilder. Jedesmal, wenn man kam, war alles um ihn herum in neuer Blüte. In dem Neuen erkannte man die Weiterung und Verdichtung des Früheren. Da versagte er nichts. Früher kaum angedeutete Gedanken setzten sich fort, wuchsen heran, bekamen Gesichter. Hier war Maß und Ziel, und der Mensch stand gegen die Willkür. Man brauchte sich immer nur an die Wände zu halten und stille zu sein.

In Cagnes schwieg man leichter. Der Süden, obwohl er ihn nicht sonderlich liebte, bildete Kulisse und Chor. An jenem Pariser Tag, einem der letzten der alten Welt, bedrückten mich die leuchtenden Wände. Wer hatte recht, der zusammengeschrumpfte Alte auf seinem Vehikel oder draußen die Brandung, die Neues verlangte? – Bestand das, was dieser Mensch machte, etwa nur in meiner Einbildung? Diese Bildergeschichte, diese Entwicklung, dieses Rendezvous mit Delacroix und den Griechen, dieses ganze Dasein zwischen Vorstellung und Empfindung, gab es das wirklich oder war es nur eine bequeme und etwas süße Entschuldigung, um sich wesentlicheren Dingen zu entziehen? War es nicht Irrsinn, wenn das Haus in Stücke ging, sich an Wände zu halten? Womöglich nur an Begriffe von Wänden!

Obwohl er mich nicht ansah, durchschaute er mich. Ich bin sicher, er hat es gemerkt, und wenn er mich in diesem Augenblick angesehen hätte, ich glaube, ich hätte ihm alles gesagt.

Er tat nicht dergleichen, sondern hielt mir die Hand hin, den Begriff von Hand. Sein letztes Wort beim Abschied war ein derber Ausdruck, mit der das Volk seine Gleichgültigkeit bezeichnet. Eine ungeheuerliche Skepsis lag in dem Ton.

Die Skepsis verhüllte die Verwegenheit des Protestlers. Er suchte die geringe Substanz seiner Körperlichkeit noch zu verkleinern, um die Propaganda wirksamer zu machen. Das gelang. Während es draußen immer dunkler wurde, öffnete er immer weiter seine Form. Auf Hekatomben von Opfern antwortete er mit strömender Lust. Er war keine Person mehr. Die Bilder malten sich von selbst. Der von der Menschheit verlassene Genius hielt das Stäbchen.

DIE FARBTAFELN

Ménage Sisley, circa 1868.

Die Familie Charpentier, 1878.

Moulin de la Galette, 1876.

Le Déjeuner des Canotiers, 1880-1881.

Die Seine bei Asnières, circa 1879.

Frau am Klavier, circa 1875.

Die Regenschirme, circa 1881-1885.

Danse à la Campagne, 1882-1883.

ABBILDUNGEN

Le Cabaret de la Mère Antony, 1866. Nationalmuseum, Stockholm
Diane Chasseresse, 1867. National Gallery of Art, Washington D.C.
Lise, 1867. Folkwang Museum, Essen
Frédéric Bazille an der Staffelei, 1867. Musée d'Orsay, Paris (Galerie du Jeu de Paume)
Der Seinequai (Pont des Arts), 1868. The Norton Simon Foundation
Clown im Zirkus, 1868.
Ménage Sisley, circa 1868. Wallraf-Richartz Museum, Köln
Knabe mit der Katze, 1868.
Die Odaliske, 1870. National Gallery of Art, Washington D.C.
Parisiennes habillées en Algériennes, 1872. The National Museum of Western Art, Tokyo
Damenbildnis, 1870.
Die Amazone, 1873. Kunsthalle, Hamburg
Bildnis der Frau Hartmann, 1874.
Selbstbildnis, circa 1875.
Moulin de la Galette, 1876. Musée d'Orsay, Paris (Galerie du Jeu de Paume)
Das Atelier, 1876.
Die Familie Charpentier, 1878. The Metropolitan Museum of Art, New York
Le Déjeuner, 1879. Städelsches Kunstinstitut, Frankfurt am Main
La Femme au Chat, 1880. Sterling and Francine Clark Art Institute, Williamstown, Massachusetts
Le Déjeuner des Canotiers, 1880-1881. The Phillips Collection, Washington D.C.
Baigneuse, 1881. Sterling and Francine Clark Art Institute, Williamstown, Massachusetts
Tanz in Bougival, 1882-1883. Museum of Fine Arts, Boston
Danse à la Campagne, 1882-1883. Musée d'Orsay, Paris (Galerie du Jeu de Paume)
Danse à la Ville, 1882-1883. Musée d'Orsay, Paris (Galerie du Jeu de Paume)
Das Mädchenbad, 1883-1887. Philadelphia Museum of Art
Zeichnung zu »Das Mädchenbad«, um 1883.
Nachmittag in Wargemont, 1884. Staatliche Museen Preußischer Kulturbesitz, Nationalgalerie, Berlin

Liebespaar im Grünen, 1885.
Die Töchter des Catulle Mendés, 1888.
Au Piano, 1892.
Familie Renoir, 1896. The Barnes Foundation
Der Garten von Essoyes, 1903.
Das Mädchen im Gebüsch, 1902.
La Source, 1876.
Das Parisurteil, 1908.
Bildnis der Frau Thurneyssen und ihrer Tochter, 1910.
Ruhender Hirtenknabe, 1911.
Porträt des Ambroise Vollard, 1908. Courtauld Institute Galleries, London
Porträtbüste Coco (Claude Renoir), um 1908.
Venus. Bronze, 1914.
Parisurteil. Bronze, um 1915.
Oedipus. Zeichnung, 1895.
Mutter und Kind, 1886. Museum of Fine Arts, St. Petersburg, Florida
Idyll, um 1914.
Spiel der Baigneusen, um 1915.
Das Konzert, um 1919. Art Gallery of Ontario

Farbtafeln

Ménage Sisley, circa 1868. Wallraf-Richartz Museum, Köln
Die Familie Charpentier, 1878. The Metropolitan Museum of Art, New York
Moulin de la Galette, 1876. Musée d'Orsay, Paris (Galerie du Jeu du Paume)
Le Déjeuner des Canotiers, 1880-1881. The Phillips Collection, Washington D.C.
Die Seine bei Asnières, circa 1879. National Gallery, London
Frau am Klavier, circa 1875. The Art Institute of Chicago
Die Regenschirme, circa 1881-1885. National Gallery, London
Danse à la Campagne, 1882-1883. Musée d'Orsay, Paris (Galerie du Jeu du Paume)

Umschlagabbildung: *Die Loge,* 1874. Courtauld Institute Galleries, London

EDITORISCHE NOTIZ

Der insel taschenbuch-Ausgabe liegt die überarbeitete Fassung der Monographie *Auguste Renoir*, Klinkhardt & Biermann Verlag, Leipzig 1929, zugrunde. Unverändert blieben die im fortlaufenden Text genannten Orte, Aufbewahrungsorte, Sammlungen und Galerien, auch wenn sie heute keine Gültigkeit mehr haben – eine solche Veränderung hätte die Lesbarkeit und den Fluß des Textes empfindlich beeinträchtigt. Nicht übernommen wurden die Anmerkungen, da diese fast ausnahmslos auf Aufbewahrungsorte von Werken verweisen, die heute nicht mehr gültig sind. Gestrichen wurde das Kapitel »Renoir auf dem Kunstmarkt«, da die darin aufgeführten Informationen überholt sind. Verwiesen sei in diesem Zusammenhang auf den Katalog *Renoir* des *Arts Council of Great Britain*, London 1985, der auch eine umfangreiche Bibliographie und Ausstellungsgeschichte enthält. Die Anzahl der Abbildungen wurde auf eine repräsentative Auswahl beschränkt.

NACHWORT

Die Geschichte der neueren deutschsprachigen Kunst-Literatur ist nicht geschrieben. Aber, würde sie aufgezeichnet – Julius Meier-Graefe (1867-1935) nähme darin den Platz eines ihrer prominentesten Außenseiter ein. In einem Sprachraum, in dem die Kunst-Literatur in zwei voneinander getrennte Gattungen, eine streng wissenschaftlich sich gebärdende und eine kunstkritisch/feuilletonistische, geteilt wird, muß eine Erscheinung wie die des Kunstschriftstellers Julius Meier-Graefe provokant und unkonform erscheinen, läßt er sich doch weder der einen noch der anderen Seite zuordnen und lehnte er selbst doch diese eigentümliche Kategorisierung ab.

Julius Meier-Graefe hat sich nie als Kunsthistoriker – zumindest nicht als einen im universitäts-disziplinierten Sinne – verstanden. Seine Schriften waren aber auch nicht allein für den Tag bestimmt, sondern beanspruchten eine nachhaltigere Wirkung, wie denn auch Meier-Graefe den Kunst-Sinn einer ganzen Epoche maßgeblich beeinflußt hat. Der Kunstgeschmack des ausgehenden 19. und beginnenden 20. Jahrhunderts ist ohne seine lebhafte Stellungnahme zu den Tendenzen der Gegenwartskunst nicht zu denken, und auch der Kunstmarkt reagierte auf Meier-Graefes Kunsturteile, wenn dieser sich auch nie als »Kritiker-Papst« aufführte.

Ging es der soeben erst in den Universitäten und wissenschaftlichen Einrichtungen etablierten Kunstwissenschaft noch vornehmlich darum, die verbindliche Aufstellung gültiger Normen und Verfahrensweisen zu schaffen, die eine Aufzeichnung der Entwicklungsgeschichte der Kunst gewährleisteten, verließ Meier-Graefe sich auf den eigenen Instinkt und die Beobachtungsgabe. Selbstsicher und ohne beschwerlichen, die sinnliche Wahrnehmung oftmals ausgrenzenden akademischen Apparat, bewegte er sich in den Tendenzen der Kunst seiner Zeit und übte darin das, was den Fachleuten der Zunft bis heute nicht recht gelingen will, nämlich Zeitgenossenschaft. Daß sich sein Augenmerk zunächst von den Zeugnissen der Kunst der Vergangenheit abwandte, ist nicht nur in dem Umstand begründet, daß diese von der Wissenschaft monopolisiert wurde und das in einem Maße, das jede andere Annäherungsweise ausgrenzte. Darin suchte die junge Disziplin ihre Angleichung an ältere wissenschaftliche Institutionen zu betreiben. Meier-Graefe aber wählte sich die Kunst seiner Zeit zum Gegenstand, weil ihm, der ja selbst im höchsten Maße schöpferisch arbeitete, der unmittelbare Kontakt zu lebenden Künstlern und die mittelbare Einflußnahme auf die Ausgestaltung ihrer Werke unverzichtbar war. Nach Studienjahren in München und Zürich ging Meier-Graefe in den frühen neunziger Jahren nach Berlin, wo er, unter anderen, den Kunsthistoriker Herman Grimm zu seinen Lehrern zählte. Mit Grimm untrennbar verbunden ist jene Tendenz der älteren Kunstgeschichtsschreibung, die den Gegenstand ihrer Forschung zum Anlaß nahm, eigene, kongeniale Werke zu schaffen, und in der Sprache die Artikulation künstlerischer Prozesse nachzuzeichnen. Während aber Grimm den »Heroen« der Vergangenheit huldigte, und etwa in Raffael oder Michelangelo die Vervollkommnung der Künste erblickte, maß Meier-Graefe der Kunstproduktion seines Zeitalters nicht geringere Bedeutung bei. Hier bot sich ihm die Gelegenheit, dem inventiven Prozeß der Kunstschaffenden beizuwohnen und diesem nicht erst durch Quellen- und Archivstudium auf die Spur zu kommen. In die ersten Jahre seines Berliner Aufenthalts reicht seine Freundschaft mit Edvard

Munch zurück, der erste Künstler, dem er 1894 eine eigene Arbeit und zugleich sein erstes kunstliterarisches Werk widmete.

1894 zählte Meier-Graefe zu den Gründungsmitgliedern der Kunstzeitschrift »PAN«, deren Redaktion Graf Keßler, Baron von Bodenhausen und der große Berliner Museumsmann Wilhelm von Bode angehörten. Schon ein Jahr danach aber kam es zum Zerwürfnis unter den Editoren, was Meier-Graefe veranlaßte, aus der Redaktion auszuscheiden.

Nach seiner Übersiedlung nach Paris wurde er Mitarbeiter verschiedener Kunstzeitschriften und gründete ein eigenes Periodikum, die »Dekorative Kunst«, die später auch in französischer Sprache erschien. Nach den frühen Zeugnissen seiner literarischen Tätigkeit – 1893 erschien sein Roman »Nach Norden«, 1895 folgten »Fürst Lichtenarm« und »Der Prinz« – konzentrierte sich sein schriftliches Schaffen nun mehr und mehr auf Werke der bildenden Kunst. Die Freundschaft mit dem Architekten und Kunstgewerbler Henry van de Velde führte 1899 zur Gründung der »Maison Moderne« in Paris, das zum Zentrum der von van de Velde propagierten Neuerung des Design werden sollte.

1900 begann Meier-Graefe mit seinen Arbeiten an der »Entwicklungsgeschichte der Modernen Kunst«, jenem epochemachenden Werk, dessen endgültige, dreibändige Fassung 1924 vorlag. Es gehört zu den Hauptverdiensten dieser »Entwicklungsgeschichte«, der französischen Malerei des 19. Jahrhunderts darin zu ihrem Recht verholfen und ihre zentrale Bedeutung für die künstlerischen Bewegungen an der Jahrhundertwende herausgearbeitet zu haben. Meier-Graefe sollte auch in der Folgezeit zu den Propagandisten der französischen Malerei zählen und um deren Anerkennung und Durchsetzung kämpfen. Nahezu allen führenden Malern des 19ème hat er in Monographien eine breite Öffentlichkeit geschaffen, viele auch erstmals in das Schrifttum zu Kunst eingeführt: Corot und Courbet (1905), Cézanne (1910/1923), Vincent van Gogh (1910/1921), Auguste Renoir (1911/1929), Edouard Manet (1912), Camille Corot (1913), Eugène Delacroix (1913) und Edgar Degas (1920). Der Kreis der Impressionisten ist in seinem gesamten Schaffen immer wieder der Mittelpunkt seiner Auseinandersetzungen gewesen, doch galt sein Interesse auch den »Großen Engländern« und darunter namentlich »William Hogarth« (1907). Seine Beschäftigung mit der spanischen Kunst, die er mit seinem Reisetagebuch der »Spanischen Reise« (1910/1922) für eine ganze Generation neu entdeckte, rührt nicht zuletzt aus seinem Studium der französischen Meister des 19. Jahrhunderts her, unter denen vor allen Delacroix und Manet zu den Verehrern El Grecos zählten.

In Deutschland mußte Meier-Graefes entschiedene Parteinahme für die französische Kunst der offiziellen Kunstkritik suspekt werden, zumal in einem Klima sich verschärfender politischer Konfrontation beider Staaten. Unterstützung fand der von dieser Seite gegen ihn erhobene Vorwurf der »vaterlandslosen Gesinnung« in dem Umstand, daß Meier-Graefe zu den vehementen Gegnern Arnold Böcklins gehörte, dessen Werk er als Hindernis auf dem Weg der Malerei in die Moderne betrachtete. »Der Fall Böcklin« (1905) geriet so mehr und mehr zu einem kunst-politischen Bekenntnisstreit, den Meier-Graefe auch dadurch nicht versachlichen konnte, daß er mit seiner umfangreichen Monographie zu »Hans von Marées« (1909/1910) unterstrich, daß nicht Kunst-Patriotismus, sondern künstlerische Normfragen seine Kritik bestimmten.

Die Aufstellung solcher Normen und Qualitätsmaßstäbe

haben – so umstritten sie gewesen sein mögen und es noch sind – Julius Meier-Graefe am Beginn unseres Jahrhunderts eine Autorität verliehen, die in krassem Gegensatz zu seiner heutigen Bedeutung innerhalb der Geschichte der Kunst-Literatur steht. Wohl wurden in den vergangenen Jahren einige seiner Werke neu aufgelegt und ist die Kunstforschung zum 19. Jahrhundert noch immer auf seine wegweisenden Schriften, die zum großen Teil auch unverzichtbare Quellensammlungen darstellen, angewiesen. Einer Wissenschaft aber, die sich zunehmend der historisch ableitenden Verfahrensweise und sozialgeschichtlicher Interpretationen bediente, mußte eine Kunstbetrachtung von der Art Meier-Graefes hinderlich sein. Sein »impressionistischer Stil«, der als kongeniale Schöpfung neben den Gegenständen seiner Beschäftigung steht, ist aber heute bereits zum historischen Zeugnis geworden. Die von ihm ausgehende Wirkung auf Künstler, Sammler und auf die Seh- und Erfahrungsweise einer ganzen Generation ist solchermaßen geeignet, selbst zum Gegenstand kunstwissenschaftlicher Forschung zu geraten.

Jene »Schonzeit«, derer die Schriften Julius Meier-Graefes vielleicht bedurften, hat in den vergangenen Jahrzehnten auch das Werk des Malers charakterisiert, dem Meier-Graefe die hier nun wieder vorgelegte Monographie gewidmet hat: Auguste Renoir.

Als Meier-Graefe sein erstes Renoir-Buch 1911 veröffentlichte, lebte der Maler noch, und ein nicht unbedeutender Teil seines Œuvre konnte somit noch keine Berücksichtigung finden. Die dieser Ausgabe zugrunde liegende überarbeitete Fassung von 1929 hingegen behandelt auch das Spätwerk des 1919 verstorbenen Meisters und entwirft mithin das Bild der Entwicklung eines Gesamtwerks. Wenn Meier-Graefe auch glaubte,

»nicht mehr für den Ruhm des einst Verkannten sorgen« zu müssen, so trifft das im Grunde doch nur für den Zeitpunkt der Publikation seiner Monographie zu. Die Popularität Renoirs hat in den vergangenen Jahrzehnten abgenommen, der kunsthistorischen Forschung galt er lange Zeit offenbar als der näheren Beschäftigung nicht mehr würdig. An diesem Umstand trägt Renoir selbst nicht wenig Schuld. Die kaum mehr bezifferbare Zahl unfertiger Skizzen und Entwürfe, die er, auch als ihn existentielle Not nicht mehr dazu zwang, auf dem Kunstmarkt veräußert hatte, trug eher dazu bei, seinen Ruf zu schädigen als diesen zu mehren. Schon zu Lebzeiten wurde Renoir von Kennern und Gönnern immer wieder aufgefordert, den Markt mit diesen Gelegenheitsproduktionen, die das Bild seines Schaffens verzerrten, nicht zu überfluten.

Hinzu kommt, daß Renoir in seiner Malerei wenig von dem verspüren läßt, was in den Kunstwerken seiner Zeitgenossen, und mehr noch in der Literatur seiner Zeit, immer auch präsent war: die Auseinandersetzung mit den sozialen Konflikten des Fin de siècle. Renoirs Sujets bleiben genrehaft, die Alltäglichkeit seiner Bildthemen und Gegenstände verbreitet eine offenbar durch nichts zu erschütternde optimistische Diesseitigkeit. Seine üppige Farbigkeit und seine Vorliebe für harmonische, ungebrochene, oftmals aber gerade dadurch beliebige Kompositionsschemata brachten die Gefahr einer gefälligen Dekorationskunst mit sich. Die zahllosen Reproduktionen seiner Werke sorgten – paradoxerweise – darüber hinaus für deren stetig schwindende Wirkung.

Meier-Graefes Text erlaubt einen neuen Blick auf Renoir. Er entwirft ein energievolles Bild von der Entwicklung dieses Malers und macht deutlich, daß die Konflikte seiner Zeit diesem Werk immanent sind. Durch seine präzisen Stilanalysen schafft er eine Konzentration auf das Œuvre des Malers, das sich so gleichsam wie neu entdeckt offenbart. Mit der ihm eigenen erfindungsreichen Sprachgewalt spürt Meier-Graefe den schöpferischen Prozessen Renoirs nach, charakterisiert dessen Höhepunkte und Krisen und sucht, zumal in der Analyse des Spätwerks, das Sich-Vollenden einer künstlerischen Existenz nachzuzeichnen. Meier-Graefes Text bedarf an dieser Stelle nicht des kritischen Kommentars. Als Prämisse muß jedoch gelten, daß er zu einer Zeit verfaßt wurde, als sich gerade im deutschsprachigen Kulturraum neue Tendenzen eröffneten, die ihm, der sein Lebenswerk dem französischen Impressionismus und seinem Umfeld gewidmet hatte, verschlossen bleiben mußten. Mit seinem »Renoir« behauptet sich Meier-Graefe noch einmal in der Rolle, die er zeitlebens lebhaft verteidigt hat.

Es will nicht wie ein Zufall erscheinen, daß heute, fünfzig Jahre nach dem Tod Julius Meier-Graefes und zeitgleich mit der Neuauflage seiner Monographie, auch ein neuer Blick auf Renoir gewagt wird. In der großangelegten Londoner Schau von 1985, die seit Jahrzehnten erstmals wieder das Werk des Malers umfassend präsentierte, wurde erkennbar, daß jene Abstinenz, die sein Œuvre viele Jahre hindurch getroffen hat, die Aufnahme seiner Bilder heute wieder unbefangen möglich macht. Daß dabei andere Bewertungsmaßstäbe zum Tragen kommen als die von Julius Meier-Graefe angelegten, ist natürlich.

Die Bedeutung des Spätwerks wird nun weniger zentral beurteilt, der Blick richtet sich jetzt mehr auf die produktiven Phasen der siebziger und frühen achtziger Jahre, auf Renoirs Studium der Alten Meister und auf seine Auseinandersetzung mit den Zeitgenossen. In den späten Bildern wird so nur mehr die Ermüdung und Überzeichnung eines festgefahrenen Stilhabitus deutlich, der zudem scheinbar ohne ausreichende Widerstandskraft gegen den damaligen Zeitgeschmack blieb.

Auguste Renoir tritt uns heute als ein Künstler entgegen, der nicht weniger als die sozial engagierten Maler seiner Zeit zum Chronisten einer Epoche wird, deren gesellige Realität er abbildete. Daß er dennoch nicht der »Maler der Sonnenseite« bleibt, als der er immer wieder apostrophiert wurde, liegt auch in seinem Stilverhalten begründet. Mehr noch aber sind es seine Bildthemen und Gegenstände – viele davon sind erst durch seine Hand bildwürdig geworden –, die in seinem Werk eine Welt aufgehoben haben, die sonst dem Vergessen anheim gefallen wäre, da sie von der offiziellen Malerei ausgegrenzt blieb.

Meier-Graefes »Renoir« heute wieder verfügbar zu machen scheint schon aus dem Grunde legitim, daß eine Monographie jüngeren Datums, die vergleichbar erschöpfend über den Maler handelt, nicht vorliegt. Daß aber jene »Neuwürdigung« Renoirs, am ausgehenden zwanzigsten Jahrhundert, bereits ein halbes Jahrhundert zuvor formuliert wurde, muß als die eigentliche Leistung Julius Meier-Graefes gelten.

Andreas Beyer

AUGUSTE RENOIR
LEBENSDATEN

1841 Pierre-Auguste Renoir wird am 25. Februar als Sohn des Schneiders Léonard Renoir und dessen Frau Marguerite Merlet in Limoges geboren.

1844 Umzug der Familie nach Paris.

1854-58 Lehrzeit als Porzellanmaler in der Manufaktur »Levy-Frères et Compagnie« und Zeichenunterricht bei dem Bildhauer Callouette in der »Ecole gratuite de dessin«.

1858 Nach Ende seiner Lehrzeit arbeitet Renoir zunächst als Ausstatter in der auf Dekorationen und Verkleidungen spezialisierten Manufaktur »Gilbert«.

1862 Erhält die Zulassung zur »Ecole Impériale et Spéciale des Beaux-Arts«.

1864 Erste Teilnahme an der Ausstellung des Pariser »Salon«.

1865-70 Weitere Teilnahme an den Ausstellungen des »Salon«. Wachsender Ruhm, zumal nach dem »Salon« von 1868. Freundschaft mit den bedeutendsten Vertretern der französischen Kultur der zweiten Jahrhunderthälfte, so mit Monet, Cézanne, Bazille, Sisley, Manet, Pissarro und Zola.

Einberufung in den Kriegsdienst.

1872 Durand-Ruel erwirbt erstmals Werke Renoirs und wird in der Folgezeit zum bedeutendsten Förderer des Künstlers.

1874-77 Teilnahme an den großen Impressionisten-Ausstellungen bei Nadar und Durand-Ruel.

1879 Reise nach Algier.

1881-82 Reise nach Italien.

1890 Letzte Teilnahme an der Ausstellung des »Salon«. Heiratet Aline Charigot und erkennt den 1885 geborenen Pierre als gemeinsamen Sohn an.

1894 Geburt des zweiten Sohnes Jean Renoir.

1898 Reise nach Holland aus Anlaß der großen Rembrandt-Ausstellung in Den Haag.

1900 Längere Aufenthalte im Süden Frankreichs, bedingt durch den sich in der Folgezeit verstärkenden Rheumatismus. Schließlich endgültige Übersiedlung an die Côte d'Azur.

1901 Geburt des dritten Sohnes Claude Renoir.

1910 Reise nach Deutschland.

1911 Ernennung zum Offizier der »Légion d'Honneur«.

1912 Julius Meier-Graefes Monographie erscheint und wird noch im selben Jahr in Französisch ediert.

1912-19 Renoir, an den Rollstuhl gefesselt, zieht sich in sein Haus in Cagnes zurück, wo er aber weiter intensiv arbeitet. Neben anderen namhaften Künstlern wird er dort von Matisse und Rodin besucht. In den letzten Jahren wendet er sich der Bildhauerei zu, deren Ausführung er ab 1914 zwei Gehilfen überlassen muß.

1919 Am 17. Dezember stirbt Renoir in Cagnes, wo er auch begraben wird.

JULIUS MEIER-GRAEFE
LEBENSDATEN

1867 Am 10. Juni wird Julius Meier-Graefe in Resitza als Sohn des Ingenieurs Eduard Meier und Marie Graefe geboren.
Kindheit im Rheinland und in Westfalen.

1886 Abitur in Gleiwitz.

1887 Volontär in einer Maschinenfabrik in Wetter an der Ruhr.

1888 Studienjahr in München.

1889 Ein Semester in Zürich und Lüttich. Erste dichterische Arbeiten und Abkehr vom ursprünglichen Berufsbild des Ingenieurs.

1890 Übersiedlung nach Berlin. Vorlesungsbesuche bei Herman Grimm, Treitschke und Simmel. Seine erste Novelle »Ein Abend bei Laura« erscheint.

1893 Erscheinen seines ersten Romans »Nach Norden«. Freundschaft mit Bierbaum, Strindberg und Munch.

1894 Gründung des »PAN«. Reisen nach Paris und London.

1895 Erscheinen des Romans »Fürst Lichtenarm« und »Der Prinz«. Ausscheiden aus der Redaktion des »PAN« und Übersiedlung nach Paris.

1899 Gründung der »Maison Moderne« in Paris. Reisen nach Italien und England.

1900 Beginn der Arbeit an der »Entwicklungsgeschichte der modernen Kunst«.

1903 Erscheint die »Entwicklungsgeschichte . . .« in Stuttgart.

1904 Reisen in Skandinavien und Deutschland.

1905 Der »Fall Böcklin«. Freundschaft mit Rudolf Alexander

Schröder, mit dem er gemeinsam die Berliner Wohnung teilt.

1906 Deutsche Jahrhundert-Ausstellung in der National-Galerie in Berlin. Erscheinen der Studie »Der junge Menzel«.
Reisen nach Rom und Neapel und Arbeit am Marées-Werk.

1907 Erscheint sein Drama »Adam und Eva«.

1908 Reise in Spanien. »Die Großen Engländer«. Marées-Ausstellung in München.

1911 Reisen in Italien und Frankreich.

1914 Im Krieg im Verwundetentransport tätig.

1915 In Gefangenschaft in Rußland.

1917 Übersiedlung nach Dresden.

1921 Rückkehr nach Berlin.

1923 Reisen in Spanien und Italien.

1925 Beginn seiner Mitarbeit bei der »Frankfurter Zeitung«.
Reisen nach Ägypten, Griechenland und Palästina.

1926 »Dostojewski«.

1935 Am 5. Juni stirbt Meier-Graefe in Vevey.

INHALT

Kunst und Musik
im insel taschenbuch

Oskar Bätschmann: Edouard Manet. Der Tod des Maximilian. Eine Kunst-Monographie. Mit Abbildungen und einer farbigen Klapptafel. it 1482

Besuche im Städel. Betrachtungen zu Bildern. Herausgegeben von Klaus Gallwitz. Mit biographischen Notizen von Dolf Sternberger. it 939

Gottfried Boehm: Paul Cézanne. Montagne Sainte-Victoire. Eine Kunst-Monographie. Mit Abbildungen und einer farbigen Klapptafel. it 826

Roland Bothner: Auguste Rodin. Die Bürger von Calais. Eine Kunst-Monographie. Mit Abbildungen und einer farbigen Klapptafel. it 1483

Cézanne. Leben und Werk in Texten und Bildern. Von Margret Boehm-Hunold. it 1140

George Clémenceau: Claude Monet. Betrachtungen und Erinnerungen eines Freundes. Mit farbigen Abbildungen und einem Nachwort von Gottfried Boehm. it 1152

Das Evangeliar Heinrichs des Löwen. Erläutert von Elisabeth Klemm. Mit farbigen Bildtafeln. it 1121

Esther Gallwitz: Kleiner Kräutergarten. Kräuter und Blumen bei den Alten Meistern im Städel. Mit farbigen Abbildungen. it 1420

Sebastian Goeppert / Herma Goeppert-Frank: Pablo Picasso. Minotauromachie. Mit zahlreichen Abbildungen. it 1533

Goethes Gedanken über Musik. Eine Sammlung aus seinen Werken, Briefen, Gesprächen und Tagebüchern. Herausgegeben von Hedwig Walwei-Wiegelmann. Mit achtundvierzig Abbildungen, erläutert von Hartmut Schmidt. it 800

Vincent van Gogh: Briefe an seinen Bruder. Drei Bände in Kassette. Herausgegeben von Johanna Gesina van Gogh-Bongers. Deutsch von Leo Klein-Diepold und Carl Einstein. Mit farbigen Abbildungen. it 954

– Feuer der Seele. Gedanken zum Leben, zur Liebe und zur Kunst. Ausgewählt aus seinen Briefen und mit einem Nachwort versehen von Ursula Michels-Wenz. it 1265

Van Gogh in seinen Briefen. Mit Abbildungen. it 177

Wolfgang Hildesheimer: Endlich allein. Collagen. Mit einer Einführung des Künstlers »Die Ästhetik der Collage«. it 898

– In Erwartung der Nacht. Collagen. Mit einer Einführung des Künstlers »Zu meinen neuen Collagen«. it 1052

Freia Hoffmann: Instrument und Körper. Die musizierende Frau in der bürgerlichen Kultur. it 1274

157/1/11.93

Kunst und Musik
im insel taschenbuch

Richard Hoppe-Sailer: Paul Klee. Ad Parnassum. Eine Kunst-Monographie. Mit Abbildungen und einer farbigen Klapptafel. it 1485

Max Imdahl: Picassos Guernica. Eine Kunst-Monographie. Mit Abbildungen und einer Klapptafel. it 806

Heinz Jatho: Max Beckmann. Das Schauspieler-Triptychon. Eine Kunst-Monographie im insel taschenbuch. Mit Abbildungen und einer farbigen Klapptafel. it 1134

Harald Keller: Französische Impressionisten. Herausgegeben von Elisabeth Herget und Wilhelm Schlink. Mit farbigen Abbildungen. it 1515

– Die Kunstlandschaften Italiens. Toskana. Florenz. Umbrien. Rom. Lombardei. Emilia. Venedig. Zwei Bände in Kassette. it 1576

Eckart Kleßmann: Die Mendelssohns. Bilder aus einer deutschen Familie. Mit zahlreichen Abbildungen. it 1523

Oskar Kokoschka. Leben und Werk in Daten und Bildern. Herausgegeben von Norbert Werner. it 909

Monique Lange: Edith Piaf. Die Geschichte der Piaf. Ihr Leben in Texten und Bildern. Aus dem Französischen von Hugo Beyer. Mit einer Discographie. it 516

Friedhelm Mennekes: Arnulf Rainer. Weinkreuz. Eine Kunst-Monographie. Mit Abbildungen und einer farbigen Klapptafel. it 1569

Minnesinger. In Bildern der Manessischen Liederhandschrift. Mit Erläuterungen herausgegeben von Walter Koschorreck. Vierundzwanzig Abbildungen. it 88

Friedrich de la Motte-Fouqué: Undine. Ein Märchen von Friedrich de la Motte-Fouqué. Musik von E.T.A. Hoffmann. Mit Bildern von Karl Friedrich Schinkel. Mit einem Essay von Ute Schmidt-Berger. it 1353

Axel Müller: René Magritte. Die Beschaffenheit des Menschen I. Eine Kunst-Monographie im insel taschenbuch. Mit Abbildungen und einer farbigen Klapptafel. it 1202

Museumsbesuche. Schweizer Schriftsteller schreiben zu Bildern der Stiftung Oskar Reinhart. Vorwort von Paul Nizon. Mit farbigen Abbildungen. it 1539

Romola Nijinsky: Nijinsky. Der Gott des Tanzes. Biographie von Romola Nijinsky. Vorwort von Paul Claudel. Übersetzt von Hans Bütow. it 566

Hans Platschek: Die Dummheit in der Malerei. Mit zahlreichen Abbildungen. it 1377

Manfred Reitz: Große Kunstfälschungen. Falsche Kunst und echte Fälscher. Unter die Lupe genommen von Manfred Reitz. Mit zahlreichen Abbildungen. it 1534

157/2/11.93

Kunst und Musik
im insel taschenbuch

Eva Rieger: Nannerl Mozart. Leben einer Künstlerin im 18. Jahrhundert. Mit zahlreichen Abbildungen. it 1431

Rainer Maria Rilke: Auguste Rodin. Mit 96 Abbildungen. it 766

– Briefe über Cézanne. Herausgegeben von Clara Rilke. Besorgt und mit einem Nachwort versehen von Heinrich Wiegand Petzet. Mit siebzehn farbigen Abbildungen. it 672

– Worpswede. Fritz Mackensen. Otto Modersohn. Fritz Overbeck. Hans am Ende. Heinrich Vogeler. Mit zahlreichen Abbildungen und Farbtafeln im Text. it 1011

Thomas Röske: Ernst Ludwig Kirchner. Tanz zwischen den Frauen. Eine Kunst-Monographie. Mit Abbildungen und einer farbigen Klapptafel. it 1564

Wilhelm Schlink: Der Beau-Dieu von Amiens. Das Christusbild der gotischen Kathedrale. Eine Kunst-Monographie im insel taschenbuch. it 1316

Wieland Schmied: Giorgio de Chirico. Die beunruhigenden Musen. Eine Kunst-Monographie. Mit Abbildungen und einer farbigen Klapptafel. it 1484

Christoph Schreier: Wassily Kandinsky. Bild mit schwarzem Bogen. Eine Kunst-Monographie von Christoph Schreier. Mit Abbildungen und einer farbigen Klapptafel. it 1355

Birgit Schwarz: Otto Dix. Großstadt. Eine Kunst-Monographie. Mit Abbildungen und einer farbigen Klapptafel. it 1486

Katrin Simons: El Lissitzky. Proun 23 N oder Der Umstieg von der Malerei zur Gestaltung. Eine Kunst-Monographie. Mit Abbildungen und einer farbigen Klapptafel. it 1376

Dolf Sternberger: Über Jugendstil. Mit farbigen Abbildungen. it 274

Die Welt der Museen. Herausgegeben von Joachim Rönneper. it 1493

Gundolf Winter: Paul Gauguin. Jakobs Kampf mit dem Engel oder Vision nach der Predigt. Eine Kunst-Monographie. Herausgegeben von Gundolf Winter. Mit Abbildungen und einer farbigen Klapptafel. it 1387

157/3/11.93

Biographien, Leben und Werk im insel taschenbuch

Lou Andreas-Salomé: Lebensrückblick. Grundriß einiger Lebenserinnerungen. Aus dem Nachlaß herausgegeben von Ernst Pfeiffer. Neu durchgesehene Ausgabe mit einem Nachwort des Herausgebers. it 54
– Rainer Maria Rilke. Mit acht Bildtafeln im Text. Herausgegeben von Ernst Pfeiffer. it 1044
Elizabeth von Arnim: Elizabeth und ihr Garten. Aus dem Englischen von Adelheid Dormagen. it 1293 und Großdruck. it 2338
Georg Bollenbeck: Theodor Storm. Eine Biographie. Mit neunzehn Abbildungen. it 1347
Bertolt Brecht. Leben und Werk im Bild. Mit autobiographischen Texten, einer Zeittafel und einem Essay von Lion Feuchtwanger. it 406
Bertolt Brecht. Sein Leben in Bildern und Texten. Mit einem Vorwort von Max Frisch. Herausgegeben von Werner Hecht. it 1122
Die Schwestern Brontë. Leben und Werk in Texten und Bildern. Herausgegeben von Elsemarie Maletzke und Christel Schütz. it 814
Robert de Traz: Die Familie Brontë. Eine Biographie. Mit zahlreichen Abbildungen. it 1548
Hans Carossa: Ungleiche Welten. Lebensbericht. it 1471
Cézanne. Leben und Werk in Texten und Bildern. Von Margret Boehm-Hunold. it 1140
George Clémenceau: Claude Monet. Betrachtungen und Erinnerungen eines Freundes. Mit farbigen Abbildungen und einem Nachwort von Gottfried Boehm. it 1152
Sigrid Damm: Cornelia Goethe. it 1452
– »Vögel, die verkünden Land.« Das Leben des Jakob Michael Reinhold Lenz. it 1399
Joseph von Eichendorff. Leben und Werk in Texten und Bildern. Herausgegeben von Wolfgang Frühwald und Franz Heiduk. it 1064
Elisabeth von Österreich. Tagebuchblätter von Constantin Christomanos. Herausgegeben von Verena von der Heyden-Rynsch. Mit Beiträgen von E. M. Cioran, Paul Morand, Maurice Barrès und Ludwig Klages. Mit zeitgenössischen Abbildungen. it 1536
Theodor Fontane: Kriegsgefangen. Erlebnisse 1870. Herausgegeben von Otto Drude. Mit zahlreichen Abbildungen. it 1437
– Meine Kinderjahre. Autobiographischer Roman. Mit einem Nachwort von Otto Drude. it 705
Sigmund Freud. Sein Leben in Bildern und Texten. Herausgegeben von Ernst Freud, Lucie Freud und Ilse Grubrich-Simitis. Mit einer biographischen Skizze von K. R. Eissler. Gestaltet von Willy Fleckhaus. it 1133

162/1/11.93

Biographien, Leben und Werk im insel taschenbuch

Dagmar von Gersdorff: Dich zu lieben kann ich nicht verlernen. Das Leben der Sophie Brentano-Mereau. it 1276

Goethe. Sein Leben in Bildern und Texten. Vorwort von Adolf Muschg. Herausgegeben von Christoph Michel. Gestaltet von Willy Fleckhaus. it 1000

Manfred Wenzel: Goethe und die Medizin. Selbstzeugnisse und Dokumente. Mit zahlreichen Abbildungen. it 1350

Heinrich Heine. Leben und Werk in Daten und Bildern. Von Joseph A. Kruse. Mit farbigen Abbildungen. it 615

Hermann Hesse. Sein Leben in Bildern und Texten. Mit einem Vorwort von Hans Mayer. Herausgegeben von Volker Michels. it 1111

Volker Michels: Hermann Hesse. Leben und Werk im Bild. Mit dem ›kurzgefaßten Lebenslauf‹ von Hermann Hesse. it 36

Marie Hesse: Ein Lebensbild in Briefen und Tagebüchern. Mit einem Essay von Siegfried Greiner. Mit frühen Lithographien von Gunter Böhmer. it 261

Hölderlin. Chronik seines Lebens mit ausgewählten Bildnissen. Herausgegeben von Adolf Beck. it 83

Kleist. Leben und Werk im Bild. Herausgegeben von Eberhard Siebert. it 371

Eckart Kleßmann: Die Mendelssohns. Bilder aus einer deutschen Familie. Mit zahlreichen Abbildungen. it 1523

Cordula Koepcke: Lou Andreas-Salomé. Leben. Persönlichkeit. Werk. Eine Biographie. it 905

Oskar Kokoschka. Leben und Werk in Daten und Bildern. Herausgegeben von Norbert Werner. it 909

Dieter Kühn: Ich Wolkenstein. Eine Biographie. Neue, erweiterte Ausgabe. it 497

– Neidhart aus dem Reuental. it 1389

– Parzival. Der Parzival des Wolfram von Eschenbach. it 1328

Monique Lange: Edith Piaf. Die Geschichte der Piaf. Ihr Leben in Texten und Bildern. Aus dem Französischen von Hugo Beyer. Mit einer Discographie. it 516

Gertrud von le Fort. Leben und Werk in Daten, Bildern und Zeugnissen. it 195

Jane Lidderdale / Mary Nicholson: Liebe Miss Weaver. Ein Leben für Joyce. Aus dem Englischen von Angela Praesent und Anneliese Strauss. it 1436

Mütter berühmter Männer. Zwölf biographische Portraits. Herausgegeben von Luise F. Pusch. it 1356

162/2/11.93

Biographien, Leben und Werk im insel taschenbuch

Ernst Penzoldt. Leben und Werk in Texten und Bildern. Herausgegeben von Ulla Penzoldt und Volker Michels. it 547

Marthe Princesse Bibesco: Begegnung mit Marcel Proust. Aus dem Französischen von Eva Rechel-Mertens. it 1349

Renate Wiggershaus: Marcel Proust. Leben und Werk in Texten und Bildern. it 1348

Eva Rieger: Nannerl Mozart. Leben einer Künstlerin im 18. Jahrhundert. Mit zahlreichen Abbildungen. it 1431

Rainer Maria Rilke. Leben und Werk im Bild. Von Ingeborg Schnack. Mit einer biographischen Einführung und einer Zeittafel. it 35

George Sand. Leben und Werk in Texten und Bildern. Von Gisela Schlientz. it 565

Arthur Schopenhauer. Leben und Werk in Texten und Bildern. Herausgegeben von Angelika Hübscher. it 1059

Misia Sert: Pariser Erinnerungen. Aus dem Französischen von Hedwig Andertann. Mit einem Bildteil. it 1180

Muriel Spark: Mary Shelley. Eine Biographie. Deutsch von Angelika Beck. Mit zahlreichen Abbildungen. it 1258

Töchter berühmter Männer. Neun biographische Portraits. Herausgegeben von Luise F. Pusch. it 979

Siegfried Unseld: Hermann Hesse. Werk und Wirkungsgeschichte. Revidierte und erweiterte Fassung der Ausgabe von 1973. Mit zahlreichen Abbildungen. it 1112

Wilhelmine von Bayreuth: Eine preußische Königstochter. Glanz und Elend am Hofe des Soldatenkönigs in den Memoiren der Markgräfin Wilhelmine von Bayreuth. Aus dem Französischen von Annette Kolb. Neu herausgegeben von Ingeborg Weber-Kellermann. Mit Illustrationen von Adolph Menzel. it 1280

Virginia Woolf. Leben und Werk in Texten und Bildern. Herausgegeben von Renate Wiggershaus. it 932

Stefan Zweig. Leben und Werk im Bild. Herausgegeben von Donald Prater und Volker Michels. it 532

162/3/11.93

Literatur und Reisen im insel taschenbuch

Alt-Prager Geschichten. Gesammelt von Peter Demetz. Mit Illustrationen von Hugo Steiner-Prag. it 613

Alt-Wiener Geschichten. Gesammelt von Joseph Peter Strelka. Mit sechs farbigen Abbildungen. it 784

Das andere Ferienbuch. Herausgegeben von Vera Pagin und Hans-Joachim Simm. it 1174

Ernst Batta: Römische Paläste und Villen. Annäherung an eine Stadt. Mit zahlreichen Abbildungen. it 1324

Bodensee. Reisebuch. Herausgegeben von Dominik Jost. Mit zahlreichen Abbildungen. it 1490

Bonn. Ein Städte-Lesebuch. Herausgegeben von Doris Maurer und Arnold E. Maurer. Mit zahlreichen Abbildungen. it 1224

Dresden. Ein Reisebuch. Herausgegeben von Katrin Nitzschke. Unter Mitarbeit von Reinhard Eigenwill. Mit zahlreichen Abbildungen. it 1365

Das Ferienbuch. Literarische Souvenirs, aufgelesen von Vera Pagin und Hans-Joachim Simm. it 1082

Dominique Fernandez: Süditalienische Reise. Aus dem Französischen von Julia Kirchner. Mit farbigen Fotografien von Martin Thomas. it 1076

Florenz. Lesarten einer Stadt. Herausgegeben von Andreas Beyer. Mit zahlreichen Illustrationen. it 633

Florida. Reisebuch. Herausgegeben von Katharina Frühe und Franz Josef Görtz. Mit zahlreichen Abbildungen. it 1492

Theodor Fontane: Jenseit des Tweed. Bilder und Briefe aus Schottland. Mit zahlreichen Abbildungen und einem Nachwort herausgegeben von Otto Drude. it 1066

Georg Forster: Reise um die Welt. Herausgegeben und mit einem Nachwort von Gerhard Steiner. it 757

Manuel Gasser: Spaziergang durch Italiens Küchen. Mit Bildern von Manfred Seelow. it 391

Johann Wolfgang Goethe: Italienische Reise. Mit vierzig Zeichnungen des Autors. Herausgegeben und mit einem Nachwort versehen von Christoph Michel. it 175

– Tagebuch der Italienischen Reise 1786. Notizen und Briefe aus Italien. Mit Skizzen und Zeichnungen des Autors. Herausgegeben und erläutert von Christoph Michel. it 176

Johann Wolfgang Goethe: Kampagne in Frankreich 1792. Belagerung von Mainz. Herausgegeben von Jörg Drews. Mit zeitgenössischen Abbildungen. it 1525

158/1/11.93

Literatur und Reisen
im insel taschenbuch

– Tagebuch der ersten Schweizer Reise 1775. Goethes letzte Schweizer Reise. Mit den Zeichnungen des Autors und einem vollständigen Faksimile der Handschrift, herausgegeben und erläutert von Hans-Georg Dewitz. it 300/375

Hamburg. Ein Städte-Lesebuch. Herausgegeben von Eckart Kleßmann. it 1312

Victor Hehn: Olive, Wein und Feige. Kulturhistorische Skizzen. Herausgegeben von Klaus von See unter Mitwirkung von Gabriele Seidel-Leimbach. Mit farbigen Abbildungen. it 1427

Heidelberg-Lesebuch. Stadt-Bilder von 1800 bis heute. Herausgegeben von Michael Buselmeier. it 913

Heinrich Heine: Briefe aus Berlin. Herausgegeben von Joseph A. Kruse. it 1322

– Italien. Mit farbigen Illustrationen von Paul Scheurich. it 1072

Hermann Hesse: Mit Hermann Hesse durch Italien. Ein Reisebegleiter durch Oberitalien. Mit farbigen Fotografien. Herausgegeben von Volker Michels. it 1120

Mit Hermann Hesse reisen. Betrachtungen und Gedichte. Herausgegeben von Volker Michels. it 1242

– Tessin. Betrachtungen, Gedichte und Aquarelle des Autors. Herausgegeben von Volker Michels. it 1494

Istanbul. Herausgegeben von Esther Gallwitz. Mit Illustrationen von Thomas Allom. it 530

Erhart Kästner: Griechische Inseln. Aufzeichnungen aus dem Jahre 1944. Mit einem Nachwort von Heinrich Gremmels. it 118

– Kreta. Aufzeichnungen aus dem Jahre 1943. Mit einem Nachwort von Heinrich Gremmels. it 117

– Ölberge, Weinberge. Ein Griechenland-Buch. Mit Zeichnungen von Helmut Kaulbach. it 55

– Ölberge, Weinberge. Die Stundentrommel vom heiligen Berg Athos. 2 Bände in Kassette. it 55/56

– Die Stundentrommel vom heiligen Berg Athos. it 56

Harald Keller: Die Kunstlandschaften Italiens. Toskana. Florenz. Umbrien. Rom. Lombardei. Emilia. Venedig. Zwei Bände in Kassette. it 1576

London. Eine europäische Metropole in Texten und Bildern. Herausgegeben von Norbert Kohl. it 322

Doris Maurer / Arnold E. Maurer: Literarischer Führer durch Italien. Ein Insel-Reiselexikon. Mit zahlreichen Abbildungen, Karten und Registern. it 1071

158/2/11.93

Literatur und Reisen
im insel taschenbuch

Günter Metken: Reisen durch Europa. Mit zahlreichen Abbildungen. it 1572
– Reisen als schöne Kunst betrachtet. Erlebtes und Gesehenes aus fernen Ländern. Mit Photographien von Sigrid Metken. it 639

Mit Rilke durch das alte Prag. Herausgegeben von Hartmut Binder. Mit zahlreichen Abbildungen. it 1489

Michel de Montaigne: Tagebuch einer Reise durch Italien. Aus dem Französischen von Otto Flake. it 1074

Sigrun Bielfeldt: Moskau. Der literarische Führer. Von Sigrun Bielfeldt. Mit zahlreichen Abbildungen. it 1382

München. Ein Lesebuch. Herausgegeben von Reinhard Bauer und Ernst Piper. Mit zahlreichen Abbildungen. it 827

Fred Oberhauser / Gabriele Oberhauser: Literarischer Führer durch Deutschland. Ein Insel-Reiselexikon für die Bundesrepublik Deutschland und Berlin. Mit Abbildungen, Karten und Registern. it 527

Paris. Deutsche Republikaner reisen. Herausgegeben von Karsten Witte. it 389

Ernst Penzoldt: Sommer auf Sylt. Liebeserklärungen an eine Insel. Mit farbigen Zeichnungen des Verfassers. Herausgegeben von Volker Michels. it 1424

Potsdam. Ein Reise-Lesebuch. Herausgegeben von Doris Maurer und Arnold E. Maurer. Mit farbigen Abbildungen. it 1432

Reiseführer zu den Sieben Weltwundern. Philon von Byzanz und andere antike Texte. Zweisprachige Ausgabe von Kai Brodersen. Mit zahlreichen Abbildungen. it 1392

Rom. Ein Städte-Lesebuch. Herausgegeben von Michael Worbs. it 921

Salzburg. Ein Städte-Lesebuch. Herausgegeben von Adolf Haslinger. Mit zahlreichen Abbildungen. it 1326

Schwarzwald und Oberrhein. Der literarische Führer. Herausgegeben von Hans Bender und Fred Oberhauser. Mit zahlreichen Abbildungen. it 1330

Südtirol. Ein literarisches Landschaftsbild. Herausgegeben von Dominik Jost. it 1317

Toskana. Ein literarisches Landschaftsbild. Herausgegeben von Andreas Beyer. Mit Fotografien von Loretto Buti. it 926

Trier. Deutschlands älteste Stadt. Reisebuch. Herausgegeben von Michael Schroeder. Mit zahlreichen Fotografien. it 1574

Tübingen. Ein Städte-Lesebuch. Herausgegeben von Gert Ueding. Mit zahlreichen Abbildungen. it 1246

Umbrien. Reisebuch. Herausgegeben von Isolde Renner. Mit zahlreichen Abbildungen. it 1491

158/3/11.93